14,60

Norbert B**ISCONS**
Inspecteur pédagogique régional
Académie de Toulouse

Martine D**ALMAS**
Professeur de linguistique allemande
Université de Paris-Sorbonne (Paris IV)

Michèle L**UCAS**
Professeur certifié
Lycée Libergier, Reims
Académie de Reims

Françoise P**ERNOT**
Professeur certifié
Collège Eurêka, Pont-Sainte-Marie
Académie de Reims

13, rue de l'Odéon, 75006 Paris

Deutschland, Österreich und die Schweiz

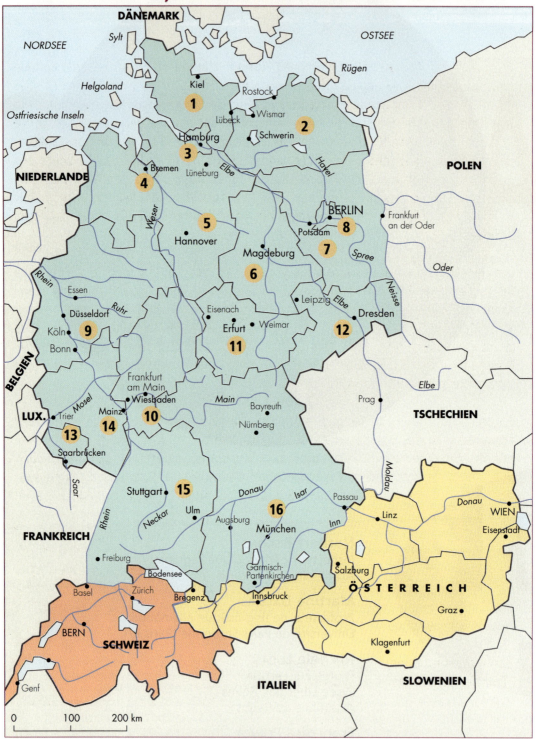

Die 16 Länder der Bundesrepublik Deutschland

1. Schleswig-Holstein
2. Mecklenburg-Vorpommern
3. Hamburg
4. Bremen
5. Niedersachsen
6. Sachsen-Anhalt
7. Brandenburg
8. Berlin
9. Nordrhein-Westfalen
10. Hessen
11. Thüringen
12. Sachsen
13. Saarland
14. Rheinland-Pfalz
15. Baden-Württemberg
16. Bayern

Avant-propos

Avec *Aufwind 4ᵉ*, vous allez retrouver Florian, Claudia et Antje. Ils ont, comme vous, un peu changé depuis votre année de sixième. Comme vous ils aiment aller à la rencontre de nouvelles personnes et d'horizons nouveaux. Cette année, c'est la musique qu'ils choisissent pour rencontrer des jeunes gens venus de toute l'Europe, dans le cadre d'un stage international au bord du lac de Constance, à la croisée des chemins entre l'Allemagne, l'Autriche et la Suisse. Au cours des huit chapitres du manuel, à l'occasion de répétitions ou de concerts, au cours des excursions ou encore dans leurs relations quotidiennes, les discussions sont nombreuses, pleines des interrogations des jeunes musiciens, et toujours animées!

Ces questions sont celles que vous vous posez, vous aussi, dans la vie de tous les jours : quand faut-il dire "non" ? Le progrès ne présente-t-il que des avantages ? Qu'est-ce qu'un véritable ami ? etc. Et ce sont ces mêmes questions qui vous mèneront cette année au cœur de la culture et de la civilisation des pays de langue allemande. Vous ferez ainsi plus ample connaissance avec Mozart, Guillaume Tell, Gutenberg et bien d'autres personnages qui ont laissé leur empreinte dans notre monde.

En travaillant avec la langue et sur la langue, vous allez poursuivre votre apprentissage des compétences de communication en vous entraînant régulièrement à comprendre et à vous exprimer. De manière progressive et guidée, vous allez notamment construire la compétence la plus longue à acquérir : l'expression écrite. Nous vous y invitons par des tâches que vous effectuerez seuls ou avec la classe.

Nous faisons notre possible pour faciliter votre travail, notamment votre travail de mémorisation. Mais, vous le savez, votre apprentissage sera d'autant plus efficace que vous y consacrerez le temps et les efforts nécessaires. Apprendre une langue repose sur un entraînement qui ressemble à celui d'un sportif : régulier et soutenu.

Bon courage, donc, et bon voyage avec la langue allemande, au cœur de l'Europe, de son histoire et de sa civilisation.

Les auteurs

Les auteurs et l'éditeur remercient tout particulièrement pour leur contribution et leur soutien à cet ouvrage : Almut Esteban, Marina Ilg, Regine Lüdders, ainsi que les nombreux enseignants qui, par leur témoignage et leur enthousiasme, ont soutenu l'élaboration de Aufwind 4ᵉ.

Bienvenue en 4ᵉ avec AUFWIND !

- **Au menu:**
  les objectifs
  du chapitre

- **La question-titre**
  annonce la
  problématique,
  introduite par
  une photo
  ou un tableau.

TEIL 1

Dans la continuité de
la 5ᵉ, **l'histoire suivie**
(avec Florian, Claudia
et les autres) est le fil
rouge entre des acti-
vités linguistiquement
ciblées. Elle présente
le thème sous l'angle
du quotidien.

*Ecoute d'un **document
enregistré**.*

*Pour répondre à cette
consigne, se reporter
au **cahier d'activité**.*

Hör und wiederhole!
Quelques mots
et expressions
à écouter et mettre
en mémoire,
pour comprendre
le dialogue.

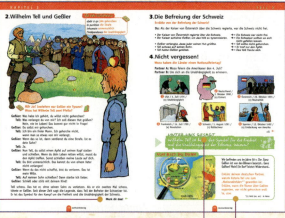

Merk dir das!
Bilan dans le cahier
sur certaines
formes et fonc-
tions langagières
rencontrées.

TEIL 2

Le thème est mis
en perspective avec
**la culture des pays
germanophones.**

Mémo — Dans le cahier, un
encadré pour récapituler
le vocabulaire nouveau
de chaque *Teil*.

Nun bist du dran
Une tâche de production (bilan intermédiaire)
pour réutiliser dans un contexte différent
les acquis linguistiques.

Unter uns gesagt...
Une piste de discussion
autour des faits évoqués.

4 vier

GRAMMATIK IST TRUMPF

- Des explications et des exemples pour **comprendre comment fonctionne la langue**.

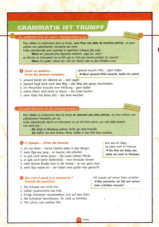

- Les révisions sont nombreuses et clairement indiquées.

Cahier d'activités

Avec l'aide du professeur, l'élève observe les exemples et trouve lui-même les règles à retenir.

Übung macht den Meister!
Dans le cahier, des exercices pour s'entraîner à utiliser les formes correctes.

Fais le point
Pour vérifier en fin de chapitre que les objectifs sont atteints. Ces exercices sont corrigés et indiquent ce qui doit peut-être être revisé.

VARIATIONEN

Des activités **complémentaires** pour entraîner aux différentes compétences:

- compréhension de l'oral
- compréhension de l'écrit

- expression écrite

Lauter Laute!

- Des éléments de **phonétique** enregistrés, pour entraîner à bien prononcer et accentuer.

- Un **poème** court, facile à mémoriser.

Wortschatz zum Thema

- Un bilan des champs lexicaux abordés.

PROJEKT

- Un projet collectif motivant qui encourage le travail en groupe autour d'une production orale ou écrite, avec des aides à l'expression.

fünf

Kapitel Thèmes	Objectifs de communication
1. „Kennst du das Land…?" Teil 1: Reisefieber, p. 12 Teil 2: Reisen und erleben, p. 15 Zum Lesen: *Der Indianer aus der 6b* (F. de Cesco), p. 22	• exprimer tes goûts • exprimer ta déception • justifier tes choix • donner des horaires **Projekt:** réaliser un prospectus touristique
2. Muss man unbedingt begabt sein? Teil 1: Nur Mut!, p. 18 Teil 2: Mozart: das Wunderkind, p. 31 Zum Lesen: *Hast du es schon mal probiert?* (M. von der Grün), p. 38	• exprimer le découragement • encourager quelqu'un • évoquer la biographie de quelqu'un • décrire un itinéraire **Projekt:** réaliser et mettre en scène une interview
3. Wann muss man „Nein" sagen? Teil 1: Das kommt nicht in Frage, p. 44 Teil 2: Wilhelm Tell: der Rebell, p. 47 Zum Lesen: *Einigkeit macht stark* (D. Kekulé), pp. 54-55	• refuser quelque chose • interdire quelque chose • montrer sa réprobation • exiger quelque chose **Projekt:** rédiger un manifeste
4. Tiere und Menschen: echte Partner? Teil 1: Mit Tieren zusammen leben, p. 60 Teil 2: Tiere helfen Menschen, p. 32 Zum Lesen: *Tierversuche* (H. Martin), pp. 68-69	• exprimer sa peur • exprimer une hypothèse • décrire un mouvement • caractériser et définir **Projekt:** écrire un texte de fiction
5. Was bringen uns Erfindungen? Teil 1: Der moderne Fortschritt, p. 76 Teil 2: Der „Mann des Milleniums": Gutenberg, p. 79 Zum Lesen: *Elektropolis* (E. Kästner), pp. 86-87	• choisir la perspective passive • décrire des faits non réels dans le passé • qualifier un objet indéterminé • comparer deux objets ou deux personnes **Projekt:** décrire le fonctionnement d'un appareil
6. Was bedeutet „Freunde haben"? Teil 1: Freundschaft verpflichtet!, p. 92 Teil 2: Zwei berühmte Freunde: Friedrich II. und Voltaire, p. 95 Zum Lesen: *Das Pferd Lotte* (S. Lenz), p. 102	• exprimer la quantité et l'intensité • anticiper dans le récit au passé • souligner des faits évidents • indiquer que l'on fait faire une action • donner des ordres en employant le passif **Projekt:** écrire un poème
7. Spielen: eine ernste Sache? Teil 1: Gesellschaftsspiele, p. 108 Teil 2: Spielen darf man doch!, p. 111 Zum Lesen: *Freunderfinder* (P. Maar), pp. 116-117	• décrire les règles d'un jeu • désigner une personne en la définissant • demander des précisions sur une information • qualifier une action • exprimer un déplacement orienté **Projekt:** formuler les règles d'un jeu
8. Der Rhein: Nur eine Grenze? Teil 1: Ein europäischer Fluss, p. 122 Teil 2: Ein Dichter zwischen zwei Kulturen: Heine, p. 126 Zum Lesen: *Wie ein Freund zum Feind wird* (G. Pausewang), pp. 130-131	• décrire un paysage • dénommer des faits • comparer deux objets **Projekt:** décrire le cours d'un fleuve

Grammatik ist Trumpf	Lauter Laute!	Wortschatz
Teil 1: A. L'opposition nominatif / accusatif B. Le pluriel des noms (1) C. La place du verbe Teil 2: D. Le présent des verbes forts E. Le futur F. La négation	• Les oppositions voyelle longue / voyelle brève • Accent de phrase **Poème:** *Wem Gott will rechte Gunst erweisen*	***Reisen*** **Wortfamilien:** *fahren; reisen*
Teil 1: A. L'expression de l'ordre et du conseil B. La subordonnée en *weil* C. Le parfait Teil 2: D. Le prétérit E. Le pluriel des noms (2) F. Relation directive / locative G. Le datif	• L'opposition [ç] / [χ] (ich-Laut / ach-Laut) • Accent de mot (origine étrangère), accent de phrase **Poème:** *Der Sänger*	***Schwierigkeiten haben / begabt sein*** **Wortfamilien:** *geben; sprechen; denken*
Teil 1: A. La subordonnée en *wenn* B. La subordonnée en *als* C. L'emploi de *müssen* D. Le pluriel en *-s* E. L'emploi de *wollen* et de *nicht dürfen* Teil 2: F. Les noms masculins "faibles" G. L'expression du but par le groupe infinitif	• L'opposition [h] / [ʔ] (h aspiré / coup de glotte) • Accent de phrase **Poème:** *Aufforderung*	***Ja / Nein sagen - reagieren*** **Wortfamilien:** *Recht; Mensch; Verbot*
Teil 1: A. L'expression de l'irréel par le subjonctif II B. La subordonnée complétive interrogative C. La subordonnée relative Teil 2: D. L'adjectif épithète dans le groupe nominal avec déterminant E. La forme *würde* avec infinitif F. Les prépositions suivies de l'accusatif	• L'inflexion ¨ sur les voyelles • Les diphtongues [aʊ] et [aɪ] • Accent de phrase **Poème:** *Übermut*	***Angst vor Tieren - Tiere lieben / quälen*** **Wortfamilien:** *Schutz*
Teil 1: A. Le passif sans sujet B. Le subjonctif II passé C. Le relatif au datif D. Le génitif E. Le comparatif Teil 2: F. Le passif avec sujet G. Le passif au prétérit H. L'agent	• La diphtongue [ɔɪ] • Le son [ʊŋ] • Accent de phrase **Poème:** *Die Entwicklung der Menschheit*	***Erfinden*** **Wortfamilien:** *drucken; schreiben*
Teil 1: A. Quantité partielle B. Les verbes à complément d'objet prépositionnel C. Quantité totale - quantité zéro D. Les pronoms à l'accusatif et au datif E. Le superlatif Teil 2: F. L'emploi de *würde* pour anticiper G. L'emploi de *lassen*	• L'opposition [oː] / [ɔ] (voyelle longue / voyelle brève) • Le [n̩] syllabique • Le [ɐ] syllabique **Poème:** *Du und ich*	***Freundschaft*** **Wortfamilien:** *Freund*
Teil 1: A. Interroger sur des choses B. Interroger sur une catégorie C. La proposition subordonnée introduite par *wer* D. Le complément de lieu E. L'expression de la manière Teil 2: F. Interroger sur des personnes	• Les oppositions [iː] / [ɪ] et [yː] / [ʏ] (voyelle longue / voyelle brève) • Accent de mot (mots composés) • Accent de phrase **Poème:** *Himmelfahrt in Berlin*	***Spielen - gewinnen / verlieren*** **Wortfamilien:** *jung; Spiel*
Teil 1: A. L'expression de la mesure B. L'expression de la totalité Teil 2: C. L'emploi de *als* pour identifier D. Désigner un fait	• Les oppositions [aː] / [a] et [iː] / [ɪ] (voyelle longue / voyelle brève) • Accent de phrase **Poème:** *Die Burgruine*	***Erdkunde*** **Wortfamilien:** *Wort*

MUSIKALISCHE FERIEN IN WASSERBURG

Hast du Lust, in den Ferien bei einem Musikkurs mitzumachen?

Wer?

Bist du zwischen 13 und 18? Spielst du ein Instrument? Hast du schon in einem Orchester gespielt? Lebst du gern in einer Gruppe? Wenn ja, dann bist du bei uns herzlich Willkommen!

Wo?

Unser Haus liegt direkt am Bodensee.

Was?

In einer einmaligen Lage und Atmosphäre bieten wir dieses Jahr eine europäische Begegnung für junge Leute mit einem musikalischen Programm:

Musikunterricht: 25 Stunde pro Woche (3 Stunden vormittags in 2 Gruppen - klassische Musik oder Jazz- und 1 bis 2 Stunden nachmittags für Orchesterproben)

Du wirst bei einem Schlusskonzert mitspielen: Mozart, Gershwin, Verdi.

Und sonst noch?

Freizeitangebot: Windsurfen, Radfahren, Video, Fotografie, Spielabende, Discopartys

Ausflüge in dem Dreiländereck:
in Deutschland zum Schloss Hohenzollern
in die Schweiz zu dem Rheinfall
nach Österreich zum Jazzfestival in Bregenz.

Wann?

Termin:
vom 10.
bis 28. August

Preis:

595 DM / 304 Euros

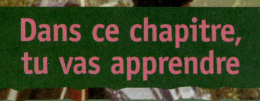

Dans ce chapitre, tu vas apprendre

→ **à comprendre et à t'exprimer :**
- exprimer tes goûts
- exprimer ta déception
- justifier tes choix
- donner des horaires

→ **comment fonctionne la langue :**
Teil 1
- L'opposition nominatif / accusatif
- Le pluriel des noms (1)
- La place du verbe
Teil 2
- Le présent des verbes forts
- Le futur
- La négation

→ **à connaître les pays germanophones :**
- la Suisse: coutumes et stéréotypes

KAPITEL 1

"Kennst du das Land…?"

KAPITEL 1
REISEFIEBER

1. Einpacken

a. Florian weiß nicht, was er für die Reise mitnehmen soll. Frau Binder hilft ihm. Du bist Frau Binder. Hör zu und antworte!

Florian: Mutti, was soll ich für die Tagesausflüge mitnehmen?
Frau Binder: Für die Tagesausflüge? Nimm doch einen kleinen Rucksack mit!

b. Florian darf nichts vergessen. Seine Mutter fragt ihn, ob er alles hat. Du bist Florian. Schau auf die Liste und antworte ihr!

Frau B.: Hast du schon den Regenschirm eingepackt?
Florian: Ja, ich habe ihn schon eingepackt.

GA ←

2. Genug oder zu viel?

Florian hat kein Organisationstalent: Seine Mutter muss alles kontrollieren. Du bist Florian. Hör zu und antworte!

genug: assez de
zu viel: trop de

Frau Binder: Florian, schau mal, du hast nur einen Sportschuh.
Florian: O ja, zwei Schuhe sind doch besser.
Frau Binder: Warum nimmst du die drei Krawatten mit?
Florian: Stimmt, eine Krawatte ist ja genug.

GB ←

3. Letzte Einkäufe

Im letzten Moment merkt Florian, dass er noch einiges braucht. Wohin soll er noch schnell laufen?

Du: Florian braucht noch Brot. Er soll schnell in die Bäckerei laufen.

TEIL 1

4. Pass auf deine Sachen auf!

HÖR UND WIEDERHOLE!

partir en voyage verreisen
à peu près 100 DM um die 100 DM
50 Mark ne me suffisent pas.
Mit 50 DM komme ich nicht aus.
se faire du souci sich Sorgen machen

 a. Hör zu! Was nimmt Florian mit? Was meint seine Mutter?

Frau Binder: Florian, du willst doch morgen verreisen. Hast du alles gepackt?
Florian: Ja, ich glaube, ich habe nichts vergessen.
Frau Binder: Handtücher, Zahnbürste, Zahnpasta, Badezeug, T-Shirts, Turnschuhe, deine schönen Schuhe für das Konzert, Süßigkeiten für die Fahrt…?
Florian: Mutti, ich bin doch kein kleines Baby mehr, und ich will dort sowieso lieber Schweizer Schokolade essen.
Frau Binder: Da hast du Recht, man soll immer die Landesspezialitäten kennen lernen. Und wie viel Geld nimmst du mit?
Florian: Ich denke so um die 100 DM[1].
Frau Binder: Das ist doch viel zu viel. 50 DM[2] sind genug.
Florian: Na ja, weißt du Mutti, jeden Tag anrufen, Opa Rudolf und Oma Gertrud, Opa Otto und Oma Ruth, Onkel Detlev und Tante Anneliese eine Karte schreiben, die Spezialitäten kennen lernen. Mit 50 DM[2] komme ich nicht aus.
Frau Binder: Iss nicht zu viel Schokolade: Es ist nicht gesund und ihr bekommt ja gutes Essen. Und geh immer früh ins Bett!
Florian: Mach dir da keine Sorgen! Aber apropos Geld: Du weißt ja, dass die Schweiz sehr teuer ist. Vielleicht will ich mir dort ein Schweizer Messer oder eine Schweizer Uhr kaufen.
Frau Binder: Du hast doch schon eine Uhr. Übrigens, pass auf deine Sachen auf! Du kennst die Gruppe noch nicht, und da kann immer was passieren.

b. Was meinst du? Florian freut sich auf seine Ferien in der Schweiz, seine Mutter nicht so sehr. Warum?

1. 100 DM = 51 €
2. 50 DM = 25 €

Merk dir das! ←

KAPITEL 1

5. Was suchen die Deutschen im Urlaub?

a. Eine Umfrage: Lies mal die Ergebnisse!

Du: 71 Prozent von den Deutschen möchten im Urlaub eine schöne Landschaft genießen.

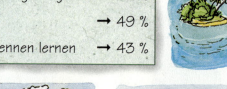

Umfrage

☒ eine schöne Landschaft genießen	→ 71 %
☒ ein gesundes Klima haben	→ 61 %
☒ gut essen	→ 61 %
☒ eine saubere Umgebung haben	→ 58 %
☒ baden können	→ 56 %
☒ neue Freunde gewinnen	→ 52 %
☒ nicht zu viel Geld für die Übernachtung ausgeben	→ 52 %
☒ in einer ruhigen Gegend wohnen	→ 49 %
☒ andere Länder und andere Leute kennen lernen	→ 43 %

b. Florian und seine Mutter haben bei der Umfrage mitgemacht. Was haben sie geantwortet?

Frau Binder: Für uns ist es wichtig, eine schöne Landschaft zu genießen. Also fahren wir gern in die Berge. Es ist auch wichtig, …

c. Und was ist für dich wichtig?

GC ←

> **UNTER UNS GESAGT…**
> Viele Leute wollen verreisen und haben Reisefieber. Warum?

NUN BIST DU DRAN

Deine Eltern wollen deinen Brieffreund in den Ferien einladen. Du schreibst ihm einen Brief. Du machst ihm ein paar Vorschläge über die Reiseziele, was ihr tun könnt, was er mitnehmen soll, was er nicht braucht, usw…

TEIL 2

REISEN UND ERLEBEN

1. Achtung Klischees!

a. Was sagt man über diese Europäer?

Du: Der Franzose isst Baguette, heißt es. Man sagt auch, dass er sehr schnell fährt.

b. Ist es wirklich so? Stell dem Lehrer Fragen!

Du: Essen alle Franzosen Baguettes?

GD ←
Merk dir das! ←

2. Werbung

a. Was versprechen diese Prospekte?

Du: Fahren Sie nach Mallorca! Dort werden Sie sich gut ausruhen.

enttäuscht sein: *être déçu*
etwas erwarten: *s'attendre à trouver qc.*

GE ←

b. Die Touristen sind dann enttäuscht. Sie schreiben eine Postkarte. Hilf ihnen!

3. Enttäuschung

Diese Frau hat einiges erwartet, aber manchmal ist sie enttäuscht. Wann?

Du: Die Frau ist enttäuscht, wenn sie keinen Blick aufs Meer hat.

GF ←

KAPITEL 1

4. Die Zugmaus

a. Hör zu! Was sucht Stephan in der Schweiz?

> **HÖR UND WIEDERHOLE!**
> Je viens d'arriver.
> Ich bin gerade angekommen.
> le trou das Loch (¨-er)
> le gruyère der Schweizer Käse

b. Lies mal! Was erlebt Stephan in der Schweiz? Warum ist Frankreich ein Geheimtipp?

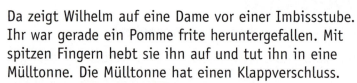

Da zeigt Wilhelm auf eine Dame vor einer Imbissstube. Ihr war gerade ein Pomme frite heruntergefallen. Mit spitzen Fingern hebt sie ihn auf und tut ihn in eine Mülltonne. Die Mülltonne hat einen Klappverschluss.
5 Man kann nicht einmal hineinkriechen[1].
„Und ich dachte, die Schweiz ist das Mäuseparadies", sage ich.
„Hier muss man sich durchhungern[2]. Ich möchte gern nach Frankreich auswandern[3]", sagt Wilhelm.
10 „Nach Frankreich?" frage ich.
„Ja", sagt Wilhelm, „Frankreich ischt unter den Schweizer Müsli ein Geheimtipp[4]."
Und er erzählt mir, dass die Franzosen zu allen Mahlzeiten[5] langgezogene Brötchen essen, die sie
15 „Baguettes" nennen. Von diesen Baguettes brechen sie beim Essen Stücke ab, das ist für Mäuse ideal, denn dabei fallen[6] natürlich viele Krümel[7] ab. Und es gibt noch eine andere wunderbare französische Gewohnheit[8]. Nach dem Essen gibt es Käse. Die ver-
20 schiedensten Sorten, lange, runde, ovale Käse mit oder ohne Schimmel[9], usw...
„Wollen wir nicht nach Frankreich fahren?" sage ich zu Wilhelm. „In Frankreich werden wir nicht hungern: Das verspreche ich dir."

frei nach Uwe Timm, *Die Zugmaus*

1. hinein|kriechen (o, o): *se faufiler à l'intérieur* - 2. sich durchhungern: *lutter pour manger à sa faim* - 3. aus|wandern: *émigrer* - 4. (r) Geheimtipp (-s): *le bon "tuyau"* - 5. (e) Mahlzeit (-en): *le repas* - 6. ab|fallen (ä, ie, a): *tomber* - 7. die Krümel: *les miettes* - 8. (e) Gewohnheit (-en): *l'habitude* - 9. (r) Schimmel: *la moisissure*.

TEIL 2

c. Fahren wir nach Frankreich!
Um wie viel Uhr fahren die Mäuse ab? Wann kommen sie in Paris an?
Schau dir den Fahrplan an und erzähle!

Du: Sie fahren mit dem Zug aus Zürich.
Sie fahren um ...

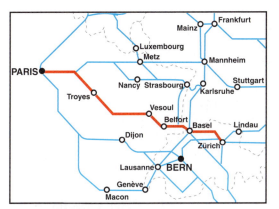

Ihr Fahrplan/Votre horaire/Il vostro orario

EC 114 L'Arbalète
Zürich–Basel–Paris
1–2 ✕ 🍸

Bahnhof /Gare /Stazione	an arrivée arrivo	ab départ partenza
Zürich HB		7.15
Basel SBB	8.12	8.23
Mulhouse	8.46	8.48
Belfort	9.16	9.18
Vesoul	9.52	9.53
Troyes	11.41	11.42
Paris-Est	13.13	

UNTER UNS GESAGT...
Stephan und Wilhelm wollen nicht in der Schweiz bleiben. Meinst du, dass es richtig ist, nach Frankreich zu fahren?

NUN BIST DU DRAN

Schau dir diese Szenen aus *Asterix bei den Schweizern* an! Erkennst du einige Klischees?

Beschreibe das Schild an der Grenze!
Wie sieht die gallische Seite aus?
Und die helvetische?

Beschreibe das Hotelzimmer!
Was erfahren wir über die Industrie in der Schweiz?

Die Sanduhr geht ganz genau. Helvetisches Fabrikat! Ihr müßt nur auf eines achten: Jedesmal, wenn ich „Kuckuck" rufe, ist es für alle Herbergsgäste Zeit, ihre Sanduhren umzudrehen.

KAPITEL 1
GRAMMATIK IST TRUMPF

Révisions

A. L'opposition nominatif / accusatif

- Le nominatif est le cas du **sujet** (ou de son attribut) :
    ***Der Junge** heißt Florian Binder. Otto Binder ist **sein Großvater**!*
- L'accusatif est le cas du **complément** de la plupart des verbes transitifs :
    *Florian nimmt **einen Regenschirm** mit. Er hat **ihn** schon eingepackt.*

On retrouve sur les pronoms une marque qui rappelle celle du déterminant *der, die, das* :
    nominatif: *er, sie, es*   accusatif: *ihn, sie, es*

→ **L'accusatif** s'emploie également **après certaines prépositions** : par exemple après *für* (pour), et *in* (dans, à) lorsqu'il s'agit d'une relation directive (cf. précis p. 146).
    ***Für die Reise** braucht Florian einen Film. Er muss noch schnell **ins Fotogeschäft**.*

❶ Une mère anxieuse! Réponds pour Florian.

1. Und der Reiseproviant? – 2. Und die Reiselektüre? – 3. Und dein Fotoapparat? – 4. Und deine Notenhefte? – 5. Und dein Adressenbuch?

Und dein Pass?
→ Keine Sorge, ich habe ihn schon eingepackt!

Révisions

B. Le pluriel des noms (1)

Les **marques les plus fréquentes de pluriel** des noms sont :
- **-e** ou **⸚e** pour le masculin :   (r) Tag, *Tage* ; (r) Schuh, *Schuhe* ; (r) Film, *Filme* ; (r) Pass, *Pässe*
- **-er** ou **⸚er** pour le neutre :   (s) Tuch, *Tücher* ; (s) Glas, *Gläser* ; (s) Ei, *Eier* ; (s) Buch, *Bücher*
- **-(e)n** pour le féminin :   (e) Socke, *Socken* ; (e) Hose, *Hosen* ; (e) Tomate, *Tomaten*

❷ Pas un, mais plusieurs! Insiste sur la quantité.

1. Hat Florian nur eine Tomate für die Reise mitgenommen? *(zwei)*
2. Hat Frau Binder nur eine Freundin? *(drei)*
3. Hat Florian nur einen Freund in der Klasse? *(fünf)*
4. Hat Florian nur einen Film gekauft? *(zwei)*
5. Hat Familie Stein nur ein Kind? *(drei)*

Hat Florian nur °ein Buch eingepackt? *(zwei)*
→ Nein, er hat °zwei Bücher eingepackt!

Révisions

C. La place du verbe

1. Dans le **groupe infinitif**, le verbe se trouve à la **dernière place** et est donc précédé de tous ses compléments :
    *für den Fotoapparat eine neue Batterie **brauchen***

Cet ordre est celui que l'on retrouve dans la **proposition subordonnée**, où le verbe conjugué reste à cette dernière place :
    *Florian merkt, dass er für den Fotoapparat eine neue Batterie **braucht**.*

2. A chaque type d'énoncé correspond une place du verbe conjugué bien précise.
- Dans l'énoncé **déclaratif**, le verbe se met à la **2ᵉ place** :
    *Heute Abend **packt** Florian seine Sachen ein. Er **geht** noch schnell ins Fotogeschäft.*
- Dans l'énoncé **interrogatif**, le verbe est à la **1ʳᵉ place** lorsque la question porte sur l'ensemble :
    ***Brauchst** du eine neue Batterie?*

ou à la **2ᵉ place**, précédé d'un mot interrogatif (*wer, wann, warum…*), lorsqu'il s'agit de demander une information partielle (sur la personne qui agit, le moment de l'action, la raison…) :
    *Warum **nimmst** du nur einen Film mit?*

③ Une rude journée de préparatifs pour Florian !
Forme des énoncés déclaratifs.

1. vor der Schule – *sich ein Programm machen*
2. gleich nach der Schule – *Opa und Oma Richter anrufen*
3. am Nachmittag – *zum Friseur gehen*
4. gegen 16 Uhr – *ein paar Einkäufe machen*
5. nach dem Abendbrot – *alles in die Reisetasche packen, das Geld und den Pass in den Rucksack tun*

vor dem Frühstück – *die Reisetasche aus dem Keller holen*
→ **Vor dem Frühstück holt Florian die Reisetasche aus dem Keller.**

④ Des questions importantes avant le départ !
Formule des questions en t'aidant des indications données.

1. [l'heure de départ du train] – *abfahren*
2. [le lieu de rencontre] – *sich treffen*
3. [la personne qui accompagne à la gare] – *zum Bahnhof bringen*
4. [l'heure d'arrivée à Wasserburg] – *ankommen*
5. [le temps qu'il fait au Lac de Constance] – *sein*

[les provisions] – *zum Essen mitnehmen*
→ **Was nehme ich zum Essen mit?**

⑤ Que disent-ils? Rends compte des mini-dialogues.

1. Frau B.: „– Und deine Sonnenbrille?
   Florian: – Brauche ich nicht!"
2. Frau B.: „– Und der Brief an Oma Ruth?
   Florian: – Schon geschrieben!"
3. Frau B.: „– Und deine Filme?
   Florian: – Schon gestern gekauft!"
4. Frau B.: „– Und deine Hausaufgaben?
   Florian: – Schon gemacht!"
5. Frau B.: „– Und die Tabletten gegen Kopfweh?
   Florian: – Keine Lust!"

Frau Binder: „– Und dein Pass?
Florian: – Schon eingepackt!"
→ **Frau Binder fragt, ob er seinen Pass nicht vergessen hat. Florian antwortet, dass er ihn schon eingepackt hat.**

D. Le présent des verbes forts *Révisions*

Au **présent**, certains verbes forts **modifient leur voyelle** (ou diphtongue) du **radical** aux 2ᵉ et 3ᵉ personnes du singulier :
- les verbes en -e- : *nehmen* → *du nimmst, er nimmt*
  de même : *treten (i), sprechen (i), geben (i), helfen (i), essen (i), vergessen (i), lesen (ie), sehen (ie)*
- les verbes en -a- : *fahren* → *du fährst, er fährt*
  de même : *tragen, schlagen, schlafen, fallen*
  et : *laufen* → *du läufst, er läuft*

⑥ Que va-t-il se passer ? Forme des énoncés interrogatifs en utilisant comme sujet le groupe donné entre parenthèses.

1. keinen Rucksack mitnehmen *(du)* – 2. mitfahren *(der Musiklehrer)* – 3. sich mit den anderen am Bahnhof treffen *(du)* – 4. sich eine halbe Stunde vor der Abfahrt treffen *(ihr)* – 5. mit euch in der Jugendherberge essen *(der Dirigent)*

viel Gepäck mitnehmen *(ihr)*
→ **Nehmt ihr viel Gepäck mit?**

KAPITEL 1

E. Le futur

1. Le **futur** se forme avec un **auxiliaire** *(werden)* et l'**infinitif** du verbe concerné :

sich ausruhen	ich werde mich ausruhen	wir werden uns ausruhen
du wirst dich ausruhen	ihr werdet euch ausruhen
er/sie wird sich ausruhen	sie/Sie werden sich ausruhen

Seul l'auxiliaire conjugué se déplace, selon le type d'énoncé :
Die Touristen werden sich am Meer ausruhen.
Werden sich diese Leute aber nicht langweilen?

2. Le futur est **moins utilisé en allemand qu'en français**. Ainsi, lorsque le contexte permet de situer l'action dans le futur, on se contente du présent :
Im Sommer kommt mein Brieffreund und wir fahren alle in die Berge.
Cet été mon correspondant va venir et nous irons tous à la montagne.
Le futur s'emploie surtout lorsqu'on veut montrer qu'on est sûr de ce qui va se passer, par exemple lorsqu'on fait une promesse :
Fahren Sie ans Meer! Dort werden Sie sich ausruhen.

❼ Des promesses. Forme des énoncés au futur.

1. Die Touristen? etwas erleben
2. Die Kinder? draußen spielen dürfen
3. Die alten Leute? sich in der Natur ausruhen
4. Der Musiklehrer? jeden Tag ins Konzert gehen können
5. Ich? alle Sorgen vergessen

Die Touristen? zufrieden sein
➔ **Die Touristen werden zufrieden sein.**

F. La négation   *Révisions*

Lorsqu'on veut **nier un fait**, on emploie la négation *nicht* :
*Sie werden sich bei uns **nicht** langweilen!*
*Frau Binder meint, dass Schokolade **nicht** gesund ist...*

On emploie le déterminant négatif *kein-* lorsqu'on veut **indiquer que la quantité est égale à zéro** :

Kaffee trinken	➔	**keinen** Kaffee trinken
Zeit und Geld haben	➔	**keine** Zeit und **kein** Geld haben
einen Fotoapparat haben	➔	**keinen** Fotoapparat haben
Freunde haben	➔	**keine** Freunde haben

❽ Pas du tout ! Réponds négativement aux questions posées.

1. Meine kleine Schwester will mitfahren – 2. Florian will mit dem Bus fahren – 3. Der Junge will allein sein – 4. Diese Touristen wollen viel erleben – 5. Der Musiklehrer will in der Jugendherberge essen.

Die Leute wollen sich ausruhen.
➔ **Aber sie können sich nicht ausruhen.**

❾ Rien du tout ! Raconte les malheurs de Monsieur Pechmann en utilisant des énoncés négatifs.

1. einen Blick aufs Meer haben – 2. Leute kennen lernen – 3. Bier und Wurst bekommen – 4. Geld sparen – 5. ein anderes Hotel finden – 6. Glück mit dem Wetter haben.

ein ruhiges Zimmer bekommen
➔ **Er bekommt kein ruhiges Zimmer.**

VARIATIONEN

Zum Hören

 Was hat Kathrin erlebt?

Zum Schreiben

Stell dir vor: Du bist Volkskundler und musst einen Artikel über die Schweiz und über Schweizer Gewohnheiten schreiben. Erzähle!
(Wie sieht das Land aus? Was essen die Schweizer? Welche Sprachen sprechen sie? Was machen sie in ihrer Freizeit?...)

KAPITEL 1

Zum Lesen

Wen lernen die Schüler der 6b kennen? Wie reagieren sie?

Der Indianer in der 6b

„Sag mal, woher kommst du eigentlich? Aus dem Wilden Westen?" fragte Nicole.

Tom grinste: „No. Aus Manhattan."

„Ich dachte, aus New York", sagte Enzo.

5 Nicole lachte ihn aus: „Manhattan gehört zu New York, du Esel!"

„Yeah", sagte Tom. „Manhattan ist größer als Luzern."

„Bist du wirklich ein Indianer?" zweifelte[1] Beatrice.

„Yeah. Du kannst mich einseifen[2]. Rote Farbe geht nicht ab!"

Alle lachten, und Nicole fragte: „Wie kommt das denn, dass dein Stamm[3] die
10 „Krähen[4]" heißt?"

„Das ist unser Totemtier."

„Wie bei uns der Stier von Uri", sagte Roger weise[5].

„Warum bist du denn in der Schweiz?" wollte Patrick wissen.

„Meine Mutter ist Computeringenieurin. Sie ist für ein Jahr in Luzern."

15 „Und dein Vater?"

„Der ist Volkskundler[6] und schreibt ein Buch."

„Über was denn?"

„Über Schweizer Sitten[7]. Mein Vater sagt, da gibt es viel Interessantes."

Patrick war erstaunt[8]. „Ein Indianer, der über Schweizer Sitten schreibt?"

20 Tom zog die Schultern hoch[9] und antwortete „Wieso denn nicht? Die Schweizer schreiben ja auch über unsere Sitten."

„Eigentlich logisch." meinte Nicole.

Die anderen nickten[10], auch Moni. Ja, das war ihnen klar.

frei nach Federica DE CESCO, Der Indianer in der 6b

1. zweifeln: *se demander* - 2. ein|seifen: *savonner* - 3. (r) Stamm (¨e): *la tribu* - 4. (e) Krähe (n): *la corneille* - 5. weise: *avec sagesse* - 6. (r) Volkskundler (-): *l'ethnologue* - 7. (e) Sitte (n): *la coutume* - 8. erstaunt: *étonné* - 9. die Schultern hoch|ziehen (o,o): *hausser les épaules* - 10. nicken: *acquiescer (d'un mouvement de la tête)*.

Lauter Laute!

A. Aussprache

voyelles longues
Franzose – Brot	[oː]
Spanier – Dame	[aː]
Italiener – Gegend	[eː]
Schuhe – Ruhe	[uː]
Fieber – Klima	[iː]

voyelles brèves
[ɔ]	Tonne – Loch
[a]	Pass – Tasche
[ɛ]	Messer – Geld
[ʊ]	Mutter – Hunger
[ɪ]	Film – Schirm

B. Betonung

Man °sagt, dass die Franzosen °viel Brot essen. Man sagt aber °auch, dass die Spanier °schnell sprechen. Alles nur Kli°schees!

Pass auf deine °Sachen auf. Da kann °immer was passieren!

Wem Gott will rechte Gunst erweisen

Wem Gott will rechte Gunst erweisen,
Den schickt er in die weite Welt;
Dem will er seine Wunder weisen,
In Berg und Wald und Strom und Feld.

Eichendorff

Wortschatz

(e) Reise (n) reisen	**Wie?**	ab|fahren (ä, u, a)
(e) Fahrt (en) fahren (ä, u, a)	mit dem Zug fahren	nach ... fahren (ä, u, a)
(r) Urlaub in Urlaub fahren	mit dem Wagen fahren	aus ... kommen (a, o)
	fliegen (o, o)	

vor der Reise	**während der Reise**	**nach der Reise**
etwas mit|nehmen (i, a, o)	schönes Wetter haben	sich über etwas freuen
etwas brauchen	die Landschaft genießen	enttäuscht sein
etwas vergessen (i, a, e)	ein Museum besichtigen	sich an etwas erinnern
(r) Rucksack (¨e) – (r) Koffer	Leute / Spezialitäten kennen lernen	(e) Erinnerung (en)
den Koffer packen	Freunde gewinnen (a, o)	(s) Souvenir (s)
sich auf etwas freuen	Geld aus|geben (i, a, e)	
etwas erwarten	sich aus|ruhen	

Wortfamilien

(e) Fahrt
- (e) Abfahrt
- *Vorsicht bei der Abfahrt!*
- (e) Klassenfahrt
- (s) Fahrrad
- (r) Fahrplan

FAHR-

fahren
- abfahren
- mitfahren

(r) Fahrer
- (r) Autofahrer
- (r) Busfahrer
- (r) Radfahrer

REIS-

(e) Reise
- (s) Reiseziel
- (s) Reisegepäck
- (s) Reisefieber
- (r) Reiseproviant
- (r) Reisepass
- (e) Reiselektüre

reisen
- verreisen

KAPITEL 1

Sammelt Informationen über eure Gegend und macht einen Prospekt!
Wo liegt eure Gegend? Wie sieht die Landschaft aus? Was kann man dort besichtigen?
Was produziert man? Gibt es eine Spezialität? Habt ihr einen Lokalhelden?

Sucht euch in folgendem Beispiel die Redemittel aus, die ihr dazu braucht!

DIE OSTSCHWEIZ
Herzlich willkommen!

Die Ostschweiz liegt im Dreiländereck: Schweiz, Deutschland, Österreich. Sie gehört zu den schönsten Regionen in der Schweiz. Informieren Sie sich über die Sehenswürdigkeiten unserer Heimat. Wir freuen uns auf Ihren Ostschweiz-Besuch!

In der Ostschweiz gibt es viele verschiedene Landschaften. Seen und Flüsse kann man in den Kantonen Schaffhausen und Thurgau entdecken. Man kann mit dem Schiff auf dem See fahren, segeln, baden oder auch wandern. Im Glanerland befinden sich die höchsten Berge, fast 4 000 Meter hoch.

Probieren Sie unsere Spezialitäten: Unser Käse wird Ihnen bestimmt schmecken, sowie unsere Schokolade. Diese Produkte sind in ganz Europa bekannt.

Hier wachsen viele Obstbäume: Kirsch- und Apfelbäume. Wir exportieren unsere Früchte nach ganz Europa.

Der Rheinfall (bei Schaffhausen) ist 175 Meter breit und 23 Meter lang. Er ist der größte Wasserfall Europas.

JEKT

In unserer Gegend liegt auch das Fürstentum Liechtenstein mit seiner Hauptstadt Vaduz. Das Schloss ist das Symbol des Fürstentums.

Jedes Jahr zu Silvester gibt es ein Fest. Da kann man diese Masken bewundern.

Machen Sie einen Ausflug nach Küssnacht am Vierwaldstättersee. Dort werden Sie den Schweizer Nationalhelden treffen. Er wird Ihnen viel über die Geschichte der Schweiz erzählen.

Wie kommen Sie zu uns?
Sie können mit dem Zug oder mit dem Wagen fahren.
Sie können auch fliegen (Flughafen in Zürich).
Unsere Gegend liegt im Herzen Europas!

Schweiz

Wenn ihr Brieffreunde habt, könnt ihr ihnen euren Prospekt als Einladung zuschicken: Sie werden sich bestimmt freuen!

Dans ce chapitre, tu vas apprendre

→ **à comprendre et t'exprimer :**
- exprimer le découragement
- encourager quelqu'un
- évoquer la biographie de quelqu'un
- décrire un itinéraire

→ **comment fonctionne la langue :**
Teil 1
- L'expression de l'ordre et du conseil
- La subordonnée en *weil*
- Le parfait
Teil 2
- Le prétérit
- Le pluriel des noms (2)
- Relation directive / locative
- Le datif

→ **à connaître les pays germanophones :**
- Mozart, enfant prodige

KAPITEL 2

Muss man unbedingt *begabt sein*?

KAPITEL 2
NUR MUT!

1. Nur nicht aufgeben!

HÖR UND WIEDERHOLE!

1. Pour encourager quelqu'un
   — Nur Mut! Kopf hoch!

2. Pour affirmer que la réussite est possible
   — Versuch es doch! Das schaffst du schon.

3. Pour encourager quelqu'un à persévérer
   — Gib nicht gleich auf! Versuch, den Text noch einmal zu lesen! Das klappt bestimmt.

4. Pour proposer une aide concrète
   — Komm, das machen wir zusammen! Wir können mal die anderen fragen!

le courage : der Mut
essayer : versuchen
renoncer : auf|geben

Deine Freunde haben Probleme und meinen, sie schaffen das nicht. Gib ihnen einen Rat!

Du: Nur Mut! Versuch doch, mit der linken Hand zu schreiben! Das klappt bestimmt.

GA
Merk dir das!

TEIL 1

2. Das schaffst du schon!

 a. Hör zu! Warum ist Antje so nervös? Wer hilft ihr? Wie?

HÖR UND WIEDERHOLE!

faire une faute einen Fehler machen
apprendre par cœur auswendig lernen
avoir une bonne mémoire
            ein gutes Gedächtnis haben
un enfant prodige ein Wunderkind
la flûte enchantée die Zauberflöte

Antje: O je, o je, Claudia, das Konzert ist schon in einer Woche, und ich mache immer noch so viele Fehler.
Claudia: Ach, Antje, du hast doch noch viel Zeit zum Üben.
Antje: Ich soll vor den anderen spielen, dazu auswendig. Das kann ich einfach nicht.
Florian: Wieso kannst du es nicht?
Antje: Ja, weil ich jedes Mal etwas vergesse.
Florian: Das Problem habe ich nicht, Gott sei Dank! Ich habe nämlich ein gutes Gedächtnis.
Claudia: Klar, Florian, du hast ein sehr gutes Gedächtnis. Das wissen wir alle. Aber nur Mut, Antje, gib nicht gleich auf! Auch Mozart hat klein angefangen.
Antje: Danke für das Kompliment, aber ein Wunderkind bin ich ja nun wirklich nicht.
Florian: Das wird also keine Zauberflöte...
Claudia: Ach, Florian, lass deine blöden Kommentare! Komm, Antje! Ich kann dir doch helfen: Wir üben zusammen, dann klappt es bestimmt. Du schaffst das.
Antje: Danke, Claudia, auf dich kann ich mich verlassen. Wir versuchen es gleich.
Florian: Moment, was hat der Dirigent gesagt? Wann ist die Generalprobe?
Claudia: Aber Florian, er hat es schon -zig Mal gesagt.
Florian: Stimmt, aber ich merke es mir nie.
Claudia: Ach so!!!

b. Was meinst du? Braucht nur Antje Hilfe?

GB
Merk dir das!

3. Tipps für ein gutes Gedächtnis

Gib Antje Tipps!

Du: Du sollst jeden Morgen richtig frühstücken.

4. Natürlich nicht aufgepasst!

 Florian hat kein gutes Gedächtnis. Hör zu und erzähl, was er alles vergessen hat!

Claudia: Der Dirigent hat gesagt: Wir sollen die Noten nicht vergessen.
Du: Aber natürlich hat Florian die Noten vergessen!

GC ←

UNTER UNS GESAGT...
Wie ist es, wenn man kein gutes Gedächtnis hat? Soll man allein oder mit einem Freund lernen?

NUN BIST DU DRAN
Erzähle, wie Antje es geschafft hat!

TEIL 2

MOZART: DAS WUNDERKIND

1. Mozarts Kindheit

Lies mal und antworte auf die Fragen!

1 Wolfgang Amadeus Mozart wurde am 27. Januar 1756 in Salzburg in Österreich geboren.

2 Sein Vater Leopold war ein bekannter Musiker. Er war Violonist und Vizekapellmeister beim Erzbischof in Salzburg.

3 Sehr früh interessierte sich der kleine Mozart für Musik und schon mit vier Jahren lernte er Klavier spielen. Sein Vater war stolz auf ihn und erkannte bald Wolfgangs Talent.

4 Mozarts Vater war streng und autoritär, aber er machte alles für seine beiden Kinder: Wolfgang und Maria Anna, genannt Nannerl.

5 Leopold unterrichtete seine Kinder selbst. Er hatte kurz nach Wolfgangs Geburt ein Buch über Violinunterricht geschrieben, also brauchte er keinen Hauslehrer für seine Kinder. Wolfgang lernte bei seinem Vater nicht nur Musik, sondern auch Sprachen und andere Fächer. Er besuchte keine Schule.

gD ←

2. In Mozarts Geburtshaus

a. Beschreibe den Museumssaal!

HÖR UND WIEDERHOLE!
ambitieux ehrgeizig
obstiné hartnäckig
la rencontre die Begegnung

 b. Hör zu! Hatte Mozart manchmal Schwierigkeiten?

gE ←
Merk dir das! ←

KAPITEL 2

3. Mozarts Reisen

Schau auf die Karte und sprich!

Du: 1763 ist Mozart nach Frankreich gefahren.
In Paris hat er bei der Marquise de Pompadour gespielt.

TEIL 2

4. Konzert am Hof

Das Publikum zeigt seine Begeisterung. Wie denn? Beschreibe das Bild!

Du: Der Mann mit der Perücke gratuliert Wolfgang. Er gibt ihm die Hand.

(r) Brief
(e) Brille
(r) Hut
(r) Sonnenschirm
(s) Kind
(s) Buch
(r) Stock

UNTER UNS GESAGT...
War Mozart ein Wunderkind oder ist er ein Genie geworden? War alles so einfach für ihn?

NUN BIST DU DRAN

Stell dir vor, du bist eine berühmte Persönlichkeit geworden (ein Sportler, ein Künstler, ein Musiker, ein Maler, ein Politiker...). Ein Journalist schreibt über dich (Kindheit, Familie, Schule, was du gelernt hast, Beruf...). Was schreibt er?

.... ist im Jahre .... in .... geboren. ..... besuchte die Schule ...... in .... Dann ...

KAPITEL 2

GRAMMATIK IST TRUMPF

A. L'expression de l'ordre et du conseil

Révisions

Il y a plusieurs façons d'exprimer l'ordre ou le conseil.
- On peut employer **un énoncé injonctif à l'impératif**. Le verbe est alors en première position :
  Versuch(e) es noch einmal!   *Gib nicht auf!*   *Sei nicht so pessimistisch!*
  Versucht es noch einmal!   *Gebt nicht auf!*   *Seid nicht so pessimistisch!*
  Versuchen Sie es doch!   *Geben Sie mir eine Chance!*   *Seien Sie mir nicht böse!*

- On peut employer le **verbe de modalité *sollen*** dans un énoncé de forme déclarative :
  Du sollst jeden Tag üben!
  Ihr sollt die Noten nicht vergessen!
  Sie sollen mir noch eine Chance geben!

- On peut employer **un groupe infinitif** :
  Aufpassen! Nach rechts und links schauen! Schnell über die Straße gehen!

- On peut aussi employer **le verbe de modalité *können*** dans un énoncé déclaratif qui exprime alors un conseil :
  Du kannst mich fragen. Ihr könnt den Klassenlehrer fragen. Sie können mich anrufen.

1 *Conseiller, c'est déjà un peu aider...*
Donne des conseils aux personnes indiquées en employant les groupes infinitifs donnés.

jeden Tag üben *(Antje)*
➔ **Antje, üb(e) doch jeden Tag!**
➔ **Antje, du sollst jeden Tag üben!**

1. nicht so viel erzählen und besser aufpassen *(Florian)*
2. nicht so streng sein *(Herr Musiklehrer)*
3. zum Frühstück Müsli essen *(Claudia)*
4. die Noten nicht vergessen *(Florian und Claudia)*
5. früh ins Bett gehen und länger schlafen *(Antje)*

B. La subordonnée en *weil*

Révisions

- On emploie une subordonnée introduite par *weil* pour **informer sur** une **cause** ou une **raison**. On l'utilise donc surtout après une question en "*warum?*".
- Comme dans toute subordonnée, le verbe garde sa place finale :
  *Oft sind die Touristen enttäuscht, **weil** sie zu viel erwarten.*

2 *Le cœur a ses raisons...*
Réponds aux questions posées en te servant des groupes infinitifs proposés.

Warum will Stephan nach Paris?
(dort nette Mäuse treffen können)
➔ **Weil er dort nette Mäuse treffen kann!**

1. Warum fährt Stephan in die Schweiz?
   (dort in die Käsefabrik wollen)
2. Warum freuen sich die Mäuse auf Paris? *(dort Weißbrot essen können)*
3. Warum ist Antje unruhig? *(noch viele Fehler machen und noch viel üben müssen)*
4. Warum will Claudia ihr helfen? *(den anderen immer gern helfen)*
5. Warum macht Florian blöde Kommentare? *(sich über die Mädchen lustig machen wollen)*

C. Le parfait

(voir aussi le précis grammatical, pp. 143, 144) *Révisions*

Le parfait indique qu'une **action** est **terminée**. On l'utilise lorsqu'on veut faire un **bilan**.
Il est formé d'un **auxiliaire conjugué** (*haben* ou *sein*) et du **participe II** du verbe concerné.

1. L'auxiliaire *sein* s'emploie pour les verbes intransitifs qui expriment un changement de lieu ou d'état :
   *Die Schüler **sind** früh ins Bett **gegangen**. Sie **sind** gleich **eingeschlafen**.*
   *Frank ist müde: Er **ist** den ganzen Tag **gelaufen**.*
L'auxiliaire *haben* s'emploie dans tous les autres cas :
   *Auch Mozart **hat** klein **angefangen**! **Haben** sich die Touristen auf der Insel **ausgeruht**?*

2. Le participe se forme
– pour les **verbes faibles**, sur le radical du verbe avec les marques *ge-* et *-t* : *gesagt, gelernt*
– pour les **verbes forts**, sur le radical (éventuellement modifié) avec les marques *ge-* et *-en* : *gefahren, gegangen, getan.*
Les verbes non-accentués sur la 1ʳᵉ syllabe ne prennent par la marque *ge-* : *telefoniert, bekommen.*

③ *Indique que tout cela est déjà fait.*

| Antje muss heute noch °üben. |
| **➔ Aber sie hat doch schon ge°übt!** |

1. Die Kinder müssen noch °frühstücken. –
2. Antje muss die anderen °fragen. – 3. Claudia muss noch die Partitur °drei Mal lesen. –
4. Das Mädchen soll es noch einmal ver°suchen. – 5. Wir müssen noch den Lehrer °anrufen.

D. Le prétérit

(voir aussi le précis grammatical, pp. 143, 144) *Révisions*

Le prétérit s'emploie pour **situer une action ou un événement dans le passé**. Il est très fréquent dans les récits (par exemple les contes, les textes historiques, les biographies etc...).
Il se forme différemment selon le type de verbes.

1. Pour les **verbes faibles**, on ajoute la marque *-te-* au radical du verbe :
   *Das Kind lern**te** Musik bei seinem Vater.*
Attention : lorsque le radical se termine par un *-t*, l'ajout d'un *-e-* est nécessaire : *er arbei**te**te*

2. Pour les **verbes forts**, on modifie leur radical (voyelle ou diphtongue) :
   *Der Junge **nahm** die Geige und spielte.*   *Später **schrieb** Mozart viele Opern.*

3. Pour les verbes tels que *kennen, denken* ou *bringen*, on a les deux types de marques :
   *Viele Leute **kannten** das Wunderkind und **brachten** ihm Geschenke.*

4. Les **verbes de modalité** forment le prétérit comme les verbes faibles, mais perdent l'inflexion de leur radical :
   *Der Junge **musste** viel üben und **konnte** dann sehr gut spielen.*

➔ Les **marques de personne** du prétérit sont : *-ø, -st, -ø, -en, -t, -en*

④ *Histoire d'une réussite. Raconte les événements au passé.*

Das Kind lebt in Jugoslawien. Eines Tages kommt der Krieg und die ganze Familie fährt nach Deutschland. Der Vater arbeitet in einem Restaurant, die Mutter bleibt zu Hause, denn sie hat noch eine kleine Tochter. Der Sohn ist damals schon 15 Jahre alt. Er geht in eine deutsche Schule, muss viel lernen und kann sehr schnell Deutsch sprechen. Dann will er arbeiten, er sucht einen Job und findet gleich eine Stelle bei Daimler-Chrysler. Die Familie hat manchmal Heimweh, aber alle sind froh, es in der Fremde geschafft zu haben.

KAPITEL 2

E. Le pluriel des noms (2)

Les autres marques de pluriel des noms sont :
- ¨er pour le masculin : (r) Mann → die Männer ; (r) Wald → die Wälder
- ¨e pour le féminin : (e) Maus → die Mäuse ; (e) Stadt → die Städte
- -e pour le neutre : (s) Werk → die Werke ; (s) Instrument → die Instrumente

F. L'opposition relation directive / relation locative

Révisions

L'opposition entre la relation directive (déplacement orienté vers un but) et **la relation locative** (séjour dans un lieu) est exprimée de différentes manières.

1. Lorsqu'il s'agit d'un **nom géographique sans article**, on emploie la préposition *in* pour indiquer le lieu où l'on est et la préposition *nach* pour indiquer le lieu où l'on va :
*Mozart wurde **in** Österreich geboren und fuhr später **nach** Frankreich.*

2. Lorsqu'il s'agit d'une personne, on emploie la préposition *bei* pour indiquer la personne chez qui l'on est et la préposition *zu* pour indiquer la personne chez qui l'on va :
*Er lernte **bei** seinem Vater und ging dann **zu** einem Lehrer.*

3. Lorsqu'il s'agit d'un **nom de lieu avec un article**, c'est généralement **le cas** qui exprime le type de relation : **l'accusatif** pour le lieu où l'on va, et **le datif** pour le lieu où l'on est.
*Stephan fuhr in **die** Schweiz, wollte in **eine** Käsefabrik gehen und traf einen Freund **am** Bahnhof.*

❺ D'un lieu à l'autre... Forme des énoncés.

1. Salzburg – Wien *(das Orchester)* – 2. Österreich – Italien *(die Familie)* – 3. die Klassenlehrerin – der Schulleiter *(die Eltern)* – 4. die Eltern – die Großeltern *(die Kinder)* – 5. die Schweiz – das Ausland *(die kleine Maus)*

> die Eltern – ein Lehrer *(der Junge)*
> ➔ **Zuerst war der Junge bei den Eltern, dann ging er zu einem Lehrer.**

G. Le datif

(voir aussi le précis grammatical, pp. 142, 145, 146) *Révisions*

1. Le **datif** s'emploie **avec certains verbes** : le complément d'objet au datif indique généralement **la personne bénéficiaire ou destinataire d'une action**.
Il peut s'agir de verbes qui n'ont qu'un objet *(helfen, gratulieren, danken...)* :
Die Dame gratuliert <u>dem Wunderkind</u>.
ou de verbes qui ont deux objets et qui expriment un changement de possesseur :
Die Dame schenkt <u>den Kindern</u> eine Packung Süßigkeiten.

2. Le **datif** s'emploie également **après certaines prépositions**, par exemple *bei, mit, von, zu...* :
***Mit** sechs Jahren schrieb Mozart sein erstes Stück. Er konnte **bei** seinem Vater viel lernen.*
On retrouve les **marques** du datif sur les **pronoms** :
Ich helfe mein<u>em</u> Freund, mein<u>er</u> Freundin, mein<u>en</u> Eltern.

Ich helfe   ih<u>m</u>,   ih<u>r</u>,   ih<u>nen</u>.

❻ Qui est concerné ? Réponds aux questions.

1. Wem soll Antje danken? *(ihre Freundin Claudia)*
2. Wem gratulieren die Leute am Hof? *(das Wunderkind)*
3. Bei wem hat Mozart gelernt? *(sein Vater)*
4. Mit wem hat Mozart als Kind gespielt? *(seine Schwester)*
5. Wem geben die Leute Blumen? *(die beiden Kinder)*

> Wem will Claudia helfen? *(ihre Freundin Antje)*
> ➔ **Sie will ihrer Freundin Antje helfen.**

VARIATIONEN

Zum Hören

 Was hat Lars Windhorst bis jetzt gemacht? Ist es ganz normal?

HÖR UND WIEDERHOLE!

l'économie die Wirtschaft
avoir un sens particulier de l'économie
einen besonderen Instinkt
                    für Wirtschaft haben
la petite entreprise das Kleinunternehmen
la caisse d'épargne die Sparkasse
de temps à autre hin und wieder
les gens du même âge die Gleichaltrigen

Zum Schreiben

Karin hat in einer Jugendzeitschrift von ihren Problemen erzählt. Sie braucht Hilfe. Antworte ihr!

- Gib ihr ein paar Ratschläge!
- Gib ihr Beispiele von Leuten, die nicht aufgegeben haben!

Liebe Inge!
Ich habe ein großes Problem, speziell in Mathe. Wenn wir ein neues Thema anfangen, verstehe ich alles ganz gut, dann habe ich plötzlich Schwierigkeiten. Ich sitze da vor meinem Heft und komme nicht weiter. Einfach schrecklich.! Meine Mutter übt mit mir. Sie ist Lehrerin. Manchmal verstehe ich, und manchmal nicht. Die Konsequenz: Meine Mutter wird böse, ich darf nicht mehr reiten. Ich verliere den Mut, weil ich meine, ich bin zu dumm für alles. Bitte hilf mir!

                                        Karin

aus «Treff Nr. 3», März 2000

Zum Lesen

Beide Jungen haben Probleme, aber wer hilft wem?

Hast du es schon mal probiert?

Am Spätnachmittag fuhr Hannes in die Silberstraße, um mit Kurt zu spielen, wie sie es am Tag vorher verabredet hatten. Es regnete, sie konnten sowieso nicht im Freien[1] spielen.[...] Kurt saß in seinem Rollstuhl, als Hannes in sein Zimmer trat. Er malte[2] auf einem Tisch, den er allein drehte[3], wie er ihn brauchte.
5 Sein Vater hatte ihn speziell für seinen Sohn gekauft.
Kurt malte Landschaften[4] und Gegenstände[5], die er vom Fenster aus sah. In der Schule konnte man seine Bilder im Klassenraum und in den Vitrinen auf den Fluren[6] sehen, weil sie die besten waren. Manchmal malte er so, dass seine Eltern es nicht verstanden, und wenn sie ihm sagten, dass der Baum in Wirklichkeit doch ganz
10 anders war, antwortete er nur: „Ich male den Baum, so wie ich ihn sehe."
Dann sagten seine Eltern nichts mehr und ließen ihn malen, wie er wollte, weil er sowieso auf die Meinung von seinen Eltern nicht hörte.
„Spielen wir wieder Garage?" fragte Hannes.
„Willst du nicht mit malen?" fragte Kurt. „Kann ich ja doch nicht", sagte Hannes.
15 „Wieso kannst du nicht? Hast du es denn schon mal probiert?" Und als Hannes mit 'nein' antwortete, sagte Kurt: „Na also, dann kannst du auch nicht wissen, ob du es kannst oder nicht. Setz dich zu mir."
Hannes versuchte es. Er malte drauflos, und was auf dem Papier war, konnte man mit viel Fantasie für ein Haus oder für einen Gartenzaun oder auch für ein Tier halten.
20 Kurt, der sich das ansah, meinte: „Macht nichts, das nächste Mal wird es besser."

frei nach Max VON DER GRÜN, *Vorstadtkrokodile*

1. im Freien: *dehors, à l'extérieur* - 2. malen: *peindre, dessiner* - 3. drehen: *tourner* - 4. (e) Landschaft: *le paysage* - 5. (r) Gegenstand (¨e): *l'objet* - 6. (r) Flur (e): *le couloir*.

Lauter Laute!

A. Aussprache

[ç]	[χ]
ni*ch*t	do*ch*
wirkli*ch* ni*ch*t	versu*ch* do*ch*
Gedä*ch*tnis	To*ch*ter
glei*ch*	ma*ch*en
Österrei*ch*	Wo*ch*e
Frankrei*ch*	Spra*ch*e

B. Betonung

Kompli<u>ment</u>	Ta<u>lent</u>	Diri<u>gent</u>
Journa<u>list</u>	Mu<u>sik</u>	Violo<u>nist</u>
Kommen<u>tar</u>	Kon<u>zert</u>	

Schon mit °vier Jahren lernte der kleine Mozart Kla°vier spielen. Sein Vater, ein bekannter Violo°nist, erkannte sein Ta°lent und gab ihm Mu°sikunterricht.

Der Sänger

Ich singe, wie der Vogel singt,
Der in den Zweigen wohnt.
Das Lied, das aus der Kehle dringt,
Ist Lohn, der reichlich lohnt.

Goethe

 ## Wortschatz

Schwierigkeiten haben
einen Fehler machen
nicht verstehen (a, a)
etwas vergessen (i, a, e)
sich etwas nicht merken können
kein gutes Gedächtnis haben

den Mut verlieren (o, o)
aufgeben (i, a, e)
hilflos sein
Hilfe brauchen

nicht aufgeben (i, a, e)
etwas versuchen
üben
auswendig lernen

begabt sein
(s) Wunderkind (er)
(s) Talent (e)
(s) Genie (s)

schnell und gut [verstehen (a, a)
arbeiten
antworten
ein gutes Gedächtnis haben
sich etwas merken

Wortfamilien

GEBEN gab → (e) Begabung, begabt, unbegabt

SPRECHEN sprach → **(e) Sprache**, (e) Muttersprache, (e) Fremdsprache, (e) Aussprache

DENKEN dachte → (s) Gedächtnis

KAPITEL 2

Kamera läuft!

Albert Einstein ist wieder da. Er gibt heute eine Pressekonferenz. Eure Klasse darf als Journalist oder als Zuhörer dabei sein.
- Welche Fragen stellen die Zuhörer?
- Wie rekapituliert der Journalist diese Fragen?
- Ein Schüler soll die Rolle von Einstein spielen.

Spielt diese Szene vor der Videokamera!

Vorher

– Die Rollen verteilen: Wer spielt welche Rolle?

– Lernt eure Rolle auswendig, denn ihr dürft nicht in die Notizen schauen, sondern ihr müsst frei sprechen!

– Überlegt, ob ihr euch verkleiden wollt und welche Requisiten ihr braucht.

– Testet die Kamera, den Ton und das Licht!

Vor der Kamera

– Achtet darauf, dass keiner in den Raum kommt!

– Macht die Fenster zu!

– Stellt euch gegen das Licht!

– Schaut direkt in die Kamera!

– Sprecht laut und deutlich!

– Betont alle Wörter richtig!

Viel Spaß!

Sucht euch Informationen in folgendem Text aus einem Lexikon aus!

EINSTEIN, Albert
deutsch-amerikanischer
Physiker
(Ulm, Deutschland,
14.03.1879 –
Princeton, USA,
18.04.1955)

Albert Einstein wurde am 14. März 1879 in Ulm geboren. Sein Vater war Kaufmann. Er hatte eine kleine Fabrik, die Dynamos, Bogenlampen und Messinstrumente produzierte. Das Geschäft lief nicht gut, und die Familie musste oft umziehen.
Er war kein Wunderkind und kein Musterschüler. Er lernte sehr spät sprechen und seine Eltern fanden ihn nicht normal. Einstein ging in das Luitpoldgymnasium in München. Er ging nicht gern in die Schule: Er hasste die Disziplin. Die Lehrer erkannten sein Talent nicht. Mit 15 verließ er die Schule.
Er wollte in eine technische Schule in Zürich gehen, aber er schaffte das Examen nicht. Er war nämlich nicht gut in Sprachen.
Er ging dann in eine andere Schule in der Schweiz (Aarau). Da gab es eine gute Schulatmosphäre. Er wohnte bei einem Lehrer für Geschichte und Griechisch.
Er schwänzte oft die Schule, er blieb lieber zu Hause, lernte Physik und spielte Geige.
1900 war er aber mit dem Studium fertig und er fand Arbeit, zuerst in Bern, dann an der Universität in Zürich, in Prag und in Berlin.
1921 bekam er den Nobelpreis für Physik.
1933 verließ er Deutschland, weil er gegen Hitler war. Am 18. April 1955 starb Einstein im Krankenhaus in Princeton.

Ich schaff' das schon

1. Als Meike knapp ein Jahr alt war,
da konnte sie längst stehen.
Sie übte unermüdlich
an der Wand entlang zu gehen.
Drei Schritte hat sie leicht geschafft,
fast den vierten auch.
Doch sie entschied sich lieber
für eine Landung auf den Bauch.
Sie sah sich um und hat gelacht
und hat vielleicht zum ersten Mal gedacht:

"Ich schaff' das schon (2x),
ich schaff' das ganz alleine.
Ich komm' bestimmt (2x)
auch wieder auf die Beine.
Ich brauch' dazu (2x)
vielleicht 'ne Menge Kraft,
doch ich hab' immerhin
schon ganz was anderes geschafft."

2. Als Meike in der Schule war,
da ging's ihr ziemlich gut.
Nur wenn sie im Sport am Barren stand,
verlor sie fast den Mut,
besonders wenn die Klasse sah'
wie sie sich dabei quält'.
Am liebsten wär' sie abgehauen
und viel hat nicht gefehlt.
Doch sie stand da und hat gedacht:
"Da muss ich durch, das wäre doch gelacht." ...

Rolf Zuckowski

Dans ce chapitre, tu vas apprendre

→ **à comprendre et t'exprimer :**
- refuser quelque chose
- interdire quelque chose
- montrer sa réprobation
- exiger quelque chose

→ **comment fonctionne la langue :**
TEIL 1
- La subordonnée en *wenn*
- La subordonnée en *als*
- L'emploi de *müssen*
- Le pluriel en *-s*
- L'emploi de *wollen* et de *nicht dürfen*

TEIL 2
- Les noms masculins « faibles »
- L'expression du but par le groupe infinitif

→ **à connaître les pays germanophones :**
- Guillaume Tell et l'indépendance de la Suisse

KAPITEL 3

Wann muss man „Nein" sagen?

KAPITEL 3
DAS KOMMT NICHT IN FRAGE!

1. Auf keinen Fall!

Florian braucht Ratschläge und fragt dich: „Wie reagierst du in solchen Situationen? Sagst du ja oder nein?"

Florian: Ein Freund bietet mir eine Zigarette an. Was soll ich tun?
Du: Wenn mir jemand eine Zigarette anbietet, sage ich nein. Rauchen ist nämlich nicht gesund.

> jdm etwas an|bieten (o, o):
> *proposer qc. à qn*
> etwas von jdm verlangen:
> *exiger qc. de qn*

GA ←

2. Muss das sein!

a. Die letzte Probe konnte nicht pünktlich um 10 anfangen. Was fehlte?

Du: Die Musiker hatten keinen Schlüssel.

(r) Stuhl (¨e)

b. Als sie dann anfingen zu spielen, passierte immer etwas. Was denn?

Du: Als der Dirigent seine Noten nahm, hatten sie plötzlich kein Licht mehr.

GB ←

c. Viele Musiker haben schlecht gespielt. Gegen wen hatte der Dirigent etwas?

Du: Der Dirigent hatte etwas gegen die Flötistin, sie hatte nämlich immer die Nase in den Noten.

die Pianistin   die Flötistin   der Klarinettist   der Saxophonist(-en)   der Trompeter   der Kontrabassist

3. Das lasse ich mir nicht gefallen!

 a. Hör zu! Was passiert zwischen den Musikern und dem Dirigenten?

> **HÖR UND WIEDERHOLE!**
> *Il n'en est pas question.* Das kommt nicht in Frage!
> *C'est mon affaire.* Das ist meine Sache.   *insolent* frech
> *Je ne me laisserai pas faire !* Das lasse ich mir nicht gefallen!

Der Dirigent: So, jetzt wollen wir von dem Konzert sprechen. Ich verlange fünf Minuten Ruhe, um euch an einige Regeln zu erinnern... Kaugummis und Handys sind verboten. Ich will keinen Kaugummi sehen und kein Handy hören... Und für das Konzert müsst ihr natürlich alle korrekt angezogen und gekämmt sein!

Claudia: Was heißt „müssen" und „korrekt angezogen"? Dürfen denn die Mädchen keine Hosen tragen?

Der Dirigent: Gegen Hosen habe ich nichts, aber ich will keine Jeanshosen sehen. Wo ist da die Harmonie, wenn jeder macht, was ihm gefällt?

Florian: Und was heißt für Sie „korrekt gekämmt", wenn ich fragen darf?

Der Dirigent: Ich will keine wilden Frisuren. Du, Felix, du gehst bitte zum Friseur und lässt dir die Haare schneiden. Wenn jeder trägt, was er will, sind wir keine Gruppe.

Felix: Wie bitte? Ich soll mir die Haare schneiden lassen? Das können Sie von mir nicht verlangen! Das kommt nicht in Frage. Meine Frisur, das ist meine Sache, das hat mit der Gruppe gar nichts zu tun. Oder meinen Sie, ich kann besser spielen, wenn ich anders gekämmt bin?

Der Dirigent: Wenn du nicht spielen willst, ist es dein Problem.

Claudia: Was haben Sie denn gegen ihn und seine Frisur? Lange oder kurze Haare, das ist Geschmackssache. Seine Haare sind doch sauber.

Florian: Wenn das so ist, dann spielen wir nicht. Wir wollen alle zusammen spielen oder gar nicht.

Der Dirigent: Jetzt werdet ihr auch noch frech. So was lasse ich mir nicht gefallen!

b. Was meinst du? Sind die Musiker frech? Hat der Dirigent Recht?

GC, GD ←
Merk dir das! ←

KAPITEL 3

4. So nicht!

a. Was gefällt dem Dirigenten bei Felix nicht? Und bei Clémentine?

Du: Er findet Felix bestimmt ungepflegt. Seine Schuhe sind zu sportlich. Er findet Clémentine bestimmt unverschämt. ...

> ungepflegt: *négligé*
> unverschämt : *effronté*

b. So darf Clémentine vor dem Publikum nicht auftreten. Erkläre ihr, was sie alles nicht darf!

Du: Du darfst keine roten Schuhe tragen.

gE ←

> **UNTER UNS GESAGT**
> Spielt das Aussehen von den Musikern bei einem Konzert eine große Rolle?

NUN BIST DU DRAN

Florian geht zum Dirigenten und erklärt ihm, dass er sein Handy während der Probe anlassen möchte. Er erwartet nämlich einen wichtigen Anruf. Der Dirigent ist dagegen.

Florian: Darf ich mein Handy anlassen? Ich ...
Der Dirigent: Wie bitte? Habe ich richtig gehört? Das kommt nicht in Frage!

Schreibe den Dialog weiter!

TEIL 2

WILHELM TELL: DER REBELL

1. Der Schwur auf dem Rütli

Lies die Bildgeschichte!

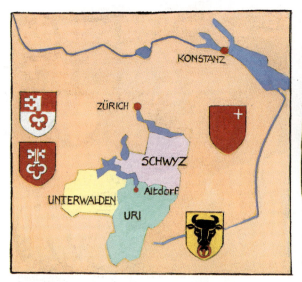

1 Als der Habsburger Kaiser[1] Albrecht aus Österreich über die Schweiz regierte[2], waren die Bewohner von Uri, Schwyz und Unterwalden nicht frei. Um sein Gesetz[3] respektieren zu lassen, schickte er Geßler, der das Volk[4] schrecklich tyrannisierte.

1. (r) Kaiser: *l'empereur* - 2. regieren: *régner* - 3. (s) Gesetz (e): *la loi* - 4. (s) Volk (¨er): *le peuple*

2 Einige Schweizer versammelten sich[5], um gemeinsam gegen den Tyrannen zu kämpfen. Auf dem Rütli schworen[6] sie, ihr Vaterland zu befreien. Es war am 1. August 1291.

5. sich versammeln: *se réunir* - 6. schwören (o, o): *prêter serment*

> **Rütlischwur**
> Brüder, ein Wille, ein Ziel einigt uns: Frei wollen wir sein. Wir versprechen, einander zu helfen, gemeinsam gegen die Tyrannei zu kämpfen!

3 Der Schwur auf dem Rütli

7. (r) Schwur: *le serment*

4 Als Geßler davon hörte, wollte er das Volk klein machen[8]. Er stellte seinen Hut auf einen Dorfplatz, und jeder sollte diesen Hut grüßen.

8. jdn klein machen: *rabaisser qn*

GF ←
Merk dir das! ←

KAPITEL 3

2. Wilhelm Tell und Geßler

HÖR UND WIEDERHOLE!

obéir à qn jdm gehorchen
la punition die Strafe
inhumain unmenschlich
l'indépendance die Unabhängigkeit

Hör zu! **Inwiefern war Geßler ein Tyrann?
Wozu hat Wilhelm Tell zwei Pfeile?**

Geßler: Was habe ich gehört, du willst nicht gehorchen?
Tell: Was verlangst du von mir? Ich soll diesen Hut grüßen?
Nein, nie im Leben! Das kommt gar nicht in Frage!
Geßler: Du sollst mir gehorchen.
Tell: Ich bin ein freier Mann. Ich gehorche nicht,
wenn man so etwas von mir verlangt.
Geßler: Wenn das so ist, dann verdienst du eine Strafe. Ist es
dein Sohn?
Tell: Ja.
Geßler: Nun Tell, du sollst einen Apfel auf seinen Kopf stellen
und schießen. Wenn du dein Leben retten willst, musst du
den Apfel treffen. Sonst schießen meine Leute auf dich.
Tell: Du bist unmenschlich. Das kannst du von einem Vater
nicht verlangen!
Geßler: Wenn du das nicht schaffst, bist du verloren. Das ist
mein Wille.
Tell: Auf meinen Sohn schießen? Dann sterbe ich lieber.
Geßler: Schieß oder stirb mit deinem Kind!

Tell schoss. Das tat er, ohne seinen Sohn zu verletzen. Als er ein zweites Mal schoss, tötete er Geßler. Seit dieser Zeit sagt die Legende, dass Tell der Befreier der Schweizer ist. Er ist das Symbol für den Kampf um die Freiheit und die Unabhängigkeit der Schweiz.

Merk dir das! ←

TEIL 2

3. Die Befreiung der Schweiz

Erzähle von der Befreiung der Schweiz!

Du: Als der Kaiser von Österreich über die Schweiz regierte, war die Schweiz nicht frei.

- Der Kaiser von Österreich regierte über die Schweiz.
- Der Kaiser schickte Geßler, um das Volk zu tyrannisieren.

- Geßler verlangte, dass jeder seinen Hut grüßte.
- Tell schoss auf seinen Sohn.
- Tell hatte Geßler getötet.

➔ • Die Schweiz war nicht frei.
➔ • Die Schweizer wollten es sich nicht gefallen lassen.
➔ • Tell wollte nicht gehorchen.
➔ • Er traf nur den Apfel.
➔ • Das Volk freute sich.

4. Nicht vergessen!

Wozu haben die Länder einen Nationalfeiertag?

Partner A: Wozu feiern die Amerikaner den 4. Juli?
Partner B: Um sich an die Unabhängigkeit zu erinnern.

❶ USA / 4. Juli 1776 / (e) Unabhängigkeit

❷ Deutschland / 3. Oktober 1990 / (e) Einheit

❸ Österreich / 26. Oktober 1955 / (e) Neutralität

❹ Frankreich / 14. Juli 1789 / (e) Revolution

❺ Schweiz / 1. August 1291 / (r) Rütlischwur

❻ Spanien / 12. Oktober 1492 / (e) Entdeckung von Amerika

gG ←

UNTER UNS GESAGT…
Wilhelm Tell ist heute das Symbol für die Freiheit und die Unabhängigkeit der Schweiz. Warum?

NUN BIST DU DRAN

Wir befinden uns im Jahre 50 v. Chr. Ganz Gallien ist von den Römern besetzt… Ganz Gallien? Nein! Ein Dorf leistet Widerstand…

Erkläre deinem deutschen Partner, warum Asterix bei uns zum „Nationalhelden*" geworden ist: Erkläre, wann die Römer über Gallien regierten, wer nicht gehorchen wollte, usw.

*(r) Held (en, en) : le héros

GRAMMATIK IST TRUMPF

A. La subordonnée en *wenn* (datage imprécis) — *Révisions*

Pour **situer** un événement dans le temps, **sans fixer une date de manière précise**, on peut utiliser une subordonnée introduite par *wenn*.
Cette subordonnée peut exprimer la répétition (*chaque fois que*) :
   Wenn *mir jemand eine Zigarette anbietet, sage ich „nein".*
ou décrire un événement ou un fait qui ne s'est pas encore produit (*si, quand*) :
   Wenn *ich später Lehrer bin, will ich immer nett zu den Schülern sein.*

❶ Savoir se conduire… Forme des énoncés complexes.

jemand braucht Hilfe – *sofort helfen*
➜ **Wenn jemand Hilfe braucht, helfe ich sofort.**

1. jemand bietet mir Alkohol an – *nein sagen*
2. jemand fragt mich nach dem Weg – *den Weg sehr genau beschreiben*
3. ein Mitschüler braucht eine Erklärung – *gern helfen*
4. meine Eltern sind nicht zu Hause – *das Essen kochen*
5. mein Vater hat keine Zeit – *das Auto waschen*

B. La subordonnée en *als* (datage précis) — *Révisions*

Pour **situer** un événement dans le temps **en donnant une date précise**, on peut utiliser une subordonnée introduite par *als*.
Cette subordonnée décrit un événement ou un fait bien précis, *qui s'est déjà produit, une seule fois* :
   Als *Antje in Hamburg wohnte, hatte sie viele Freunde.*
   Als *Geßler von dem Schwur hörte, wollte er das Volk klein machen.*

❷ À l'époque… Forme des énoncés.

Kim war ein Baby – sie lebte noch in Vietnam
➜ **Als Kim ein Baby war, lebte sie noch in Vietnam.**

1. ich war klein – meine Familie lebte in den Bergen
2. mein Opa war jung – er musste viel arbeiten
3. es gab noch keine Autos – die Leute hatten Pferde
4. es gab noch keine Elektrizität – man benutzte Kerzen
5. mein kleiner Bruder kam in die Schule – er war ganz stolz
6. mein Opa wurde 65 – wir haben eine große Fete gemacht

❸ Que s'est-il passé à ce moment-là ? Formule des questions.

Tell musste auf seinen Sohn schießen.
➜ **Was passierte, als Tell auf seinen Sohn schießen musste?**

1. Die Schweiz war nicht frei.
2. Geßler tyrannisierte das Volk.
3. Einige Schweizer versammelten sich auf dem Rütli.
4. Die Schweizer beschlossen, ihr Land zu befreien.
5. Tell schoss zum zweiten Mal.

C. L'emploi de *müssen*

Le verbe de modalité *müssen* s'emploie pour indiquer qu'une action est **obligatoire** et **inévitable** :
> Wenn Geßler etwas verlangte, **musste** das Volk gehorchen.
> Ich bin so müde: Ich **muss** jetzt schlafen gehen.

4 Difficile d'y échapper !
Forme des énoncés complexes selon le modèle.

ich bin allein zu Hause – *kochen*
➜ **Wenn ich allein zu Hause bin, muss ich kochen.**

1. meine Eltern verlangen etwas von mir – *gehorchen*
2. ich habe Vokabeln vergessen – *sie noch einmal lernen*
3. meine Großeltern sind nicht da – *mich um ihre Blumen kümmern*
4. meine Freunde brauchen meine Hilfe – *sofort da sein und helfen*
5. jemand erzählt eine lustige Geschichte – *lachen*
6. ich bin traurig – *weinen*

D. Le pluriel en *-s*

- Certains **noms d'origine étrangère** forment leur pluriel avec l'ajout de la marque *-s* :
  (r) Park → Parks   (s) Handy → Handys
  (s) Hotel → Hotels   (r/s) Bonbon → Bonbons
- Il en va de même pour la plupart des noms **qui se terminent par une voyelle** ou qui sont des **abréviations** :
  (r) Opa → Opas   (e) Mutti → Muttis   (s) Foto → Fotos
  (r) Lkw → Lkws   (e) CD → CDs   (s) Auto → Autos
  (r) Pulli → Pullis   (e) Oma → Omas

E. L'emploi de *wollen* et de *nicht dürfen*

- Le verbe de modalité *wollen* indique que l'on **veut faire quelque chose** ou que l'on **est disposé à le faire** :
  > Ich **will** dir helfen.
  > **Wollen** wir jetzt ins Café gehen und ein Eis essen?
- Le verbe de modalité *dürfen* indique qu'une action **est permise et ne présente donc aucun risque**. Accompagné d'une négation (*nicht* ou *kein-*), ce verbe indique au contraire qu'une action n'est pas autorisée ou qu'elle présente des risques :
  > Die Musiker **dürfen** keinen Ring in der Nase tragen.
  > Wenn es regnet, **darf** man nicht so schnell fahren.

5 C'est interdit... et plutôt risqué !
Forme des énoncés déclaratifs.

nachts °allein ausgehen (Kinder)
➜ **Kinder dürfen nachts nicht allein ausgehen.**

1. beim Konzert °Handys benutzen *(das Publikum)*
2. in der Schule °Kaugummis essen *(die Schüler)*
3. im Speisesaal Mu°sik hören *(die Schüler)*
4. im Sommer °lange in der Sonne liegen *(man)*
5. in der Stadt °schnell fahren *(die Autos und die Motorräder)*
6. nachts °Lärm machen *(man)*

KAPITEL 3

F. Les noms masculins « faibles » *Révisions*

Certains noms masculins **prennent la marque -en** à tous les cas, sauf au nominatif singulier.
  Tell wollte dem Tyrannen nicht gehorchen. Er wurde in der Schweiz zum Helden.
Ils ont un pluriel en *-en*.
  Jedes Land hat seine Helden.
Il s'agit, pour la plupart, de noms qui désignent des personnes ou des animaux :
  der Mensch, der Junge, der Soldat, der Tyrann, der Held, der Herr…
  der Elefant, der Affe, der Löwe, der Bär…
ou de noms d'habitants d'un pays :
  der Franzose, der Pole, der Russe, der Schwede…

6 *Tous ces faibles sont fort connus…*
Réponds aux questions à l'aide des indications données.

Tell? *(Held)* – gut kennen
→ **Tell? Ja klar! Ich kenne diesen Helden sehr gut!**

1. Wilfried? *(Junge)* – gut kennen
2. Geßler? *(Tyrann)* – nicht mögen
3. Herbert von Karajan? *(Dirigent)* – toll finden
4. Herr Dupont? *(Franzose)* – sehr gut kennen

G. L'expression du but par le groupe infinitif *Révisions*

Pour exprimer le but, on peut employer **un groupe infinitif précédé de la préposition *um***.
Le verbe à l'infinitif est alors toujours précédé de *zu* :
  *Einige Schweizer versammelten sich, **um gegen den Tyrannen zu kämpfen**.*
Le groupe infinitif peut occuper la première place dans l'énoncé déclaratif :
  ***Um seinen Sohn zu retten**, musste Tell auf den Apfel schießen.*

Suivie d'un groupe nominal, la préposition *um* peut exprimer le but qu'on cherche à atteindre :
  *Das Volk kämpfte **um die Freiheit**.*

7 *Est-ce vraiment nécessaire ?*
Réponds aux questions à l'aide des indications données.

Wozu muss man jeden Tag früh aufstehen? *(Geld verdienen)*
→ **Man muss früh aufstehen, um Geld zu verdienen!**

1. Wozu sollen wir so viele Vokabeln lernen? *(sehr gut Deutsch sprechen)*
2. Wozu will der Schüler zum Klassenlehrer? *(von seinen Problemen erzählen)*
3. Wozu sollen die Leute Sprachen lernen? *(die anderen Völker besser verstehen)*
4. Wozu musste Antje noch viel üben? *(auswendig spielen können)*
5. Wozu wollten die Schweizer sich versammeln? *(ihr Land vom Tyrannen befreien)*

VARIATIONEN

Zum Hören

HÖR UND WIEDERHOLE!

le représentant der Vertreter (-)
public öffentlich
l'espace-jeu die Spielanlage (n)
le conseil municipal der Stadtrat
le point fort der Schwerpunkt (e)
le parking souterrain die Tiefgarage (n)

 Was ist ein Kinderparlament? Was tut es?

Zum Schreiben

In dieser Kantine müssen die Schüler folgende Regeln beachten! Lies die Regelung. Sag, was dir gefällt und was dir nicht gefällt! Erkläre, warum! Mach eventuell Gegenvorschläge!

KANTINE-REGELUNG

1. Vor dem Essen
- Kaugummis aus dem Mund nehmen!
- Hände waschen, sich kämmen!
- Nie fragen, was es zu essen gibt!

2. Beim Essen
- Sprechen verboten!
- Zum Personal immer freundlich sein, auch wenn das Essen kalt ist!
- Wer keine Suppe oder keinen Spinat isst, bekommt auch keinen Nachtisch!
- Ketchup und Majo sind verboten!
- Einmal im Monat steht „Menü-von-hinten" auf dem Programm : zuerst der Nachtisch, zum Schluss die Vorspeise[1]!

3. Nach dem Essen
- Sofort aufstehen und das Tablett[2] zurückbringen!
- Teller, Glas und Besteck[3] in die Körbe[4] tun!
- Denkt an die Schweine! Speisereste in die grüne Mülltonne[5] tun!
- Papier (z.B. Servietten) gehört in die Papiertonne und Plastik (z.B. Joghurtbecher) in die gelbe Mülltonne!
- Dem Personal danken und eventuell gratulieren!
- Hände <u>und</u> Gesicht waschen, Zähne putzen (Zahnbürste nicht vergessen...)

1. (e) Vorspeise (n): *l'entrée* - 2. (s) Tablett (s): *le plateau* - 3. (s) Besteck: *les couverts* - 4. (r) Korb (¨ e): *la corbeille* - 5. (e) Mülltonne (n): *la poubelle*

53 dreiundfünfzig

KAPITEL 3

Zum Lesen

Warum will das Mädchen zum Direktor?

Einigkeit macht stark

Die Lehrerin, Frau Schwertfeger, gibt die Mathearbeit zurück. Die Erzählerin Sabine Hummel und ihre Freundin Sonja Frank, beide 15 Jahre alt, bekommen eine schlechte Note.

„Sonja, Hummel, ihr bekommt beide eine Sechs wegen Betrug[1]", sagt die Lehrerin.
Sonjas Gesicht ist ganz weiß.
Da stehe ich auf: „Frau Professor Schwertfeger, wollen Sie uns bitte erklären…"
„Da ist nichts zu erklären. Ihr wisst, warum ihr die Sechs verdient habt."
Die Klasse ist plötzlich ganz still.

„Nun Sonja, für dich tut es mir Leid, denn du hast alle Aufgaben richtig. Bis jetzt hatte deine Nachbarin keine Ahnung[2] von Mathematik. Die Hummel hat abgeschrieben, und du hast sie abschreiben lassen", sagt die Schwertfeger.

Sonja fängt an zu weinen. „Ich kann wirklich nichts dafür. Das war nur ein Zufall[3] und zwar…"

„So ein Zufall also… Und warum weinst du dann?" fragt die Lehrerin.

---

1. wegen Betrug: *pour fraude* - 2. keine Ahnung: *aucune idée* - 3. (r) Zufall (¨e): *le hasard*

„Sag doch, wie es war", sage ich zu Sonja.
Ich hebe den Finger[4]. „Ich möchte was dazu sagen."
„Natürlich darfst du etwas sagen. Das ist dein gutes Recht", sagt Frau Schwertfeger.
„Ich habe die Aufgabe ganz allein gemacht. Sonja gibt mir Nachhilfe[5] in Mathe. Das
ist die Wahrheit. Sonja verdient eine Eins, weil sie alles richtig hat, und ich muss
mindestens eine Vier bekommen."
„Ach, so ist das! Du lernst nicht in der Schule, sondern bei deiner Freundin. Die
Noten gibst du selber. Dann kann ich nach Hause gehen, nicht wahr? Hummel, das
ist die Höhe! Setzen!" brüllt[6] die Lehrerin.
Aber ich setze mich nicht und sage: „Sie können nicht beweisen[7], dass ich abge-
schrieben habe. Bitte korrigieren Sie unsere Noten!"
„Hummel, ich weiß selber, was ich zu tun habe. Die Sechs bleibt eine Sechs, basta!"
erwidert die Mathelehrerin.
„Kommst du mit, Sonja?" sage ich laut für die Schwertfeger. „Ich gehe zum Direktor."
Aber Sonja steht nicht auf. Ich nehme meine Tasche und gehe allein aus dem
Klassenraum.

frei nach Dagmar Kekulé, *Ich bin eine Wolke*

4. den Finger heben: *lever le doigt* - 5. (e) Nachhilfe: *le cours particulier* - 6. brüllen: *crier* - 7. beweisen (ie, ie): *prouver*

KAPITEL 3

 ## Lauter Laute!

A. Aussprache

[h]		[ʔ]		
Hose		Antje		
Haare	gehorchen	Apfel	abhängig	Hier ist es *h*eute anders.
Handy	Hut	Anruf	unabhängig	Heute ist es *h*ier anders.
hören	Held	anders	Einheit	Antje *h*at *h*eute eine *h*elle *H*ose an.

B. Betonung

Meine Fri°sur, das ist °meine Sache! Oder meinen Sie, ich kann °besser lernen, wenn ich °anders gekämmt bin?

Als Geßler davon °hörte, wollte er das Volk °klein machen. Jeder sollte seinen °Hut grüßen.

Aufforderung

Sag's weiter,
sag's Eltern,
sag's Kindern,
es reicht nicht aus
zu warten, bis es brennt,
um Feuer zu schreien.

Sag's weiter,
sag's Eltern,
sag's Kindern,
es ist falsch,
am Tag nach dem Feuer
zu schweigen,
die Brandstifter trauen sich
hervor aus den Verstecken;
schreit jetzt.

Sag's weiter,
sag's Eltern,
sag's Kindern,
es reicht nicht aus zu warten,
bis es wieder brennt.

F. Deppert

 ## Wortschatz

ja sagen
für jdn/etwas sein
dafür sein
jdm gehorchen
das Gesetz respektieren

nein sagen
gegen jdn/etwas sein
dagegen sein
jdm nicht gehorchen

➤ **reagieren**
mutig sein
sich einigen
gemeinsam kämpfen
für die Freiheit kämpfen
gegen die Ungerechtigkeit kämpfen
etwas verlangen

Wortfamilien

(s) Recht
- **gerecht**/ungerecht
- (e) Gerechtigkeit
- (e) Ungerechtigkeit

(r) Mensch (en,en)
- **menschlich**/unmenschlich
- (e) Menschlichkeit
- (e) Unmenschlichkeit

verbieten
- **(s) Verbot**
- verboten sein

PROJEKT

Seit einigen Jahren sollen die Schüler in Frankreich, in Deutschland und in Österreich einen Klassensprecher und eine Klassensprecherin wählen.

Dieses Jahr möchtest du mit einem Mitschüler Kandidat oder Kandidatin werden, denn einiges kann anders und besser werden.

• **Ihr sollt vor euren Mitschülern die aktuelle Situation analysieren.**
- Was gefällt euch an eurer Schule nicht? Was ist nicht in Ordnung?
- Was findet ihr für euch unpraktisch? Unbequem? Unerträglich? Ungerecht?
- Welche Konsequenz hat es auf das Arbeitsklima und das Lernen?

• **Ihr sollt dann erklären**
- was ihr verlangt,
- was ihr versprecht.

Sucht euch in folgendem Brief die Redemittel aus, die ihr dazu braucht!

Isabella möchte im Kinderparlament ihrer Stadt aktiv werden. Vor den Wahlen hat sie diesen Brief an die Kinder ihres Stadtviertels geschrieben.

Mittwoch, den 12. Oktober

An alle Kinder des Stadtviertels!

Ich habe mit Kindern aus meinem Wohnviertel gesprochen: Viele von uns wohnen in einem Hochhaus, haben keinen Garten.

Daher verlangen wir richtige Spielplätze. Viele sind ärgerlich, weil die Hunde den Sandkasten als Klo benutzen. Das lassen wir uns nicht mehr gefallen.

Außerdem finden wir, dass es nicht genug Spielmöglichkeiten gibt. Zum Beispiel fehlt eine Roller- oder Skatebahn. Bis jetzt konnten wir nur auf der Straße spielen, das finden wir unmöglich.

Der Eintritt in das Freibad ist uns zu teuer. Wer kann sich das jeden Tag leisten? Wir verlangen billigere Sommertarife für Kinder und Jugendliche aus unserem Wohnviertel.

Als Kindervertreterin[1] verspreche ich, mit unserem Bürgermeister[2] zu sprechen und ganz konkret für Kinderrechte zu kämpfen.

Isabella Schmidt

1. (e) Vertreterin : la représentante - 2. (r) Bürgermeister : le maire

Dans ce chapitre, tu vas apprendre

➜ **à comprendre et t'exprimer :**
- exprimer sa peur
- exprimer une hypothèse
- décrire un mouvement
- caractériser et définir

➜ **comment fonctionne la langue :**
TEIL 1
- L'expression de l'irréel par le subjonctif II
- La subordonnée complétive interrogative
- La subordonnée relative

TEIL 2
- L'adjectif épithète dans le groupe nominal avec déterminant
- La forme *würde* avec infinitif
- Les prépositions suivies de l'accusatif

➜ **à connaître les pays germanophones :**
- la place des animaux dans la société

KAPITEL 4

Tiere und Menschen: echte Partner?

KAPITEL 4
MIT TIEREN ZUSAMMEN LEBEN

1. Nützliche Tiere?

Schau dir dieses Schema an und kommentiere es!

- nützlich : *utile*

Lehrer: Wie wäre es ohne Kühe?
Du: Ohne Kühe hätten wir keine Milch. Sie sind also nützliche Tiere.

(s) Schaf (-e)   (e) Biene (-n)   (e) Kuh (¨e)   (s) Schwein (-e)   (s) Huhn (¨er)

GA ←

2. Die wertvolle Spinne

 a. Hör zu! Was erwartet Claudia? Wie reagiert Florian?

HÖR UND WIEDERHOLE!
malgré tout trotzdem   *chasser* jagen
la faiblesse die Schwäche   *dégoûtant* eklig
torturer quälen   *le poison* das Gift

Claudia: Igitt, igitt! Florian, hilf mir! Da ist eine dicke Spinne auf meinem Bett!
Florian: Was?! Du hast Angst vor so kleinen Tieren! Du bist doch immer die beste Tierfreundin gewesen!
Claudia: Na ja, ich weiß doch, dass sie nützlich sind und ihren Platz in der Natur haben. Ohne sie wären bestimmt andere Tiere nicht mehr da. Trotzdem finde ich sie eklig.
Florian: So, so, die große Umweltschützerin hat auch ihre kleinen Schwächen...
Claudia: Hör auf, mich mit deinen blöden Bemerkungen zu quälen! Wenn du ein richtiger Freund wärest, könntest du diese schreckliche Spinne von meinem Bett jagen.
Florian: Was?! Jagen, sagst du?! Du spinnst wohl! Ich soll jetzt Tiere jagen? Und wie hättest du es denn am liebsten? Ökologisch mit dem Fuß treten oder lieber chemisch mit Insektengift?
Claudia: Spinnst du, du Affe?
Florian: Einen Augenblick nur. Ich will dich gern von dieser wertvollen Spinne befreien. Beruhige dich doch! Aber ich kann sie nicht töten. Ich will sie nur in eine Tüte tun. Ohne meine Plastikspinne zu 3,50 DM* bei Aldi könnte ich niemand mehr ärgern. Das wäre schade, nicht wahr?

* 3,50 DM = 1,75 €

b. Was meinst du? Was will Florian mit diesem Streich zeigen? Ist es eine gute Idee?

Merk dir das! ←

TEIL 1

3. Alles an seinem Platz

Sind Tiere überall willkommen? Frag deinen Partner oder antworte ihm!

Partner A: Wie wäre es mit einer Schlange im Wohnzimmer?
Partner B: Eine Schlange im Wohnzimmer? Das wäre ja schrecklich!

(e) Schlange   (e) Schildkröte

4. Naturschutzregeln

a. Kennst du die Naturschutzregeln gut? Frag deinen Nachbarn!

Du: Weißt du, ob man das Edelweiß pflücken darf?   GB ←

b. Was charakterisiert diese Tiere und Pflanzen?

Du: Der Wespenbussard ist ein Vogel, den man nicht töten darf.
Die Arnika ist eine Pflanze, die man schützen soll.

> pflücken: *cueillir*
> töten: *tuer*
> schützen: *protéger*

(r) Wespen-   (s) Edelweiß   (r) Weißstorch   (e) Arnika   (r) Braunbär   (r) Uhu   (e) Fledermaus
bussard

GC ←

UNTER UNS GESAGT...
▶ Soll man alle Tiere schützen? Warum?

NUN BIST DU DRAN

Frau Bachschmidt, 80, muss ins Altersheim, aber sie darf ihren lieben Pudel Waldi nicht mitnehmen.
Schreib dem Direktor des Altersheims einen Brief und erkläre ihm, warum du diese Hausordnung ungerecht findest.

KAPITEL 4
TIERE HELFEN MENSCHEN

1. Bist du ein guter Hundekenner?

a. Welche Rasse ist es?

Du: Der kleine weiße Hund mit der schönen Frisur ist ein Pudel.

(e) Leine
(r) Rücken
(e) Schnauze
(r) Bauch
(r) Zahn (¨e)
(s) Bein (e)
(e) Pfote (n)
(e) Vorderpfote (n)

(r) Bernhardiner   (r) Labrador
(r) Boxer   (r) Pudel
(r) Schäferhund   (r) Windhund

GD ←

b. Welche Funktion haben diese Hunde?

Du: Ein Wachhund ist ein Hund, der das Haus hütet. Er bellt, wenn jemand kommt.

(r) Polizeihund   (r) Jagdhund   (r) Wachhund   (r) Lawinenhund   (r) Schoßhund

2. Hunde und Menschen

a. Was würde gern dieser arme Junge tun?

Ich würde so gern aufstehen und ...

Du: Dieser Junge würde gern die Tür aufmachen, aber er kann nicht.

auf den Knopf drücken

einen Geldschein aufheben   auf die Toilette gehen

b. Was könnte ein Hund für ihn tun?

Du: Ein Hund könnte die Tür aufmachen. Er könnte auch... Aber er könnte nicht...   GE ←

3. Beppo: ein Freund und Helfer für alle Fälle

Lies mal! Wie macht Beppo das Leben seines Herrchens leichter?

REPORTAGE

Ein Begleithund namens Beppo macht das Leben eines Behinderten[1] leichter.

„Beppo, komm her! Sitz!" Sofort reagiert der Labrador und setzt sich neben den Rollstuhl. So kann ihm Max, sein Herrchen, einen blau-gelben Rucksack um den Bauch legen. Die Hundeleine fällt dabei auf den Boden[2].

„Bring die Leine her, Beppo!" Sofort nimmt Beppo die Leine in die Schnauze. Mit seinen Vorderpfoten springt er auf die Beine seines Freundes, hält ihm die Leine hin[3].

„Gib her!" Beppo lässt die Leine los[4].

„Gut, Beppo, jetzt bei Fuß!" Der Hund läuft exakt neben dem Rollstuhl her. Er begleitet[5] Max, sein Herrchen, ins Untergeschoss eines Einkaufszentrums zum Fahrstuhl. Mit den Pfoten drückt er auf den richtigen Knopf, um den Fahrstuhl zu rufen. Beim Einkaufen am Käsestand nimmt er vorsichtig[6] der Verkäuferin die Tüte aus der Hand zwischen seine Zähne und legt sie auf den Schoß[7] seines Herrn. Um zu zahlen, nimmt er die Geldbörse in die Schnauze. Das Herrchen in dem Rollstuhl lobt seinen klugen[8] gehorsamen[9] und liebevollen Freund und streichelt ihn dankbar[10].

frei nach Treff

1. (r) Behinderte: *la personne handicapée* - 2. (r) Boden: *le sol*
3. jdm etwas hin|halten: *tendre qc. à qn* - 4. los|lassen: *lâcher*
5. begleiten: *accompagner* - 6. vorsichtig: *prudemment*
7. auf den Schoß legen: *poser sur les genoux* - 8. klug: *intelligent*
9. gehorsam: *obéissant* - 10. dankbar: *reconnaissant*

KAPITEL 4

4. Ein begabter Hund

Schau mal, was dieser Begleithund alles kann!

Du: Der Hund nimmt die Schlüssel in seine Schnauze zwischen seine Zähne.

GF ←

5. Ausbildung für Hunde

Dressiere deinen Hund. Gib ihm Befehle!

Du: Bring die Zeitung her!

Merk dir das! ←

▶ **UNTER UNS GESAGT...**
Sind Hunde Freunde für die Menschen oder Menschen Freunde für die Hunde?

NUN BIST DU DRAN

Tierarzt: Meinst du, es wäre ein Beruf für dich? Wie wäre das Studium? Wie wäre dann dein Arbeitstag?

GRAMMATIK IST TRUMPF

A. L'expression de l'irréel par le subjonctif II

(voir aussi le précis grammatical p. 144)

Pour exprimer **un fait qui n'est pas réel**, on emploie le mode du subjonctif II. Ce mode, comme le conditionnel français, indique donc que **l'action ou le fait** décrit par la proposition **n'est pas réalisé.** *Ich habe leider keine Zeit, aber wenn ich Zeit **hätte**, ...*

- **Les marques du subjonctif II** sont portées par le verbe. Seuls les verbes forts ont des marques spécifiques :

        inflexion de la voyelle du radical

   kommen → **du käm-e-st**   [hatt-] → *ich hätte, du hättest*
                                    [war-] → *ich wäre, du wärest*
   radical du prétérit   marque **-e-**

Les marques de personnes sont les mêmes que celles du prétérit :   *-ø, -st, -ø, -en, -t, -en*
Les formes de subjonctif II des verbes de modalité *können* et *müssen* sont :
    [konnt-] → *ich könnte, du könntest*   [musst-] → *ich müsste, du müsstest*

- Le subjonctif II s'emploie souvent pour exprimer **le souhait** :
       *Wenn alle Menschen lieb **wären**!*
ou **l'hypothèse** :   *Wenn die alte Frau keinen Hund **hätte**, **wäre** sie sehr einsam.*

---

❶ Si seulement c'était différent! Transforme les énoncés suivants en souhaits au subjonctif II.

> Meine Familie ist nicht reich.
> → **Ach, wenn meine Familie reich wäre!**

1. Ich habe wenig Taschengeld. – 2. Meine Freunde sind alle weg. –
3. Meine Oma ist krank. – 4. Unser Haus hat keinen Garten. –
5. Die Klassenarbeiten sind schwierig.

❷ Que serais-je sans toi... Imagine la situation en t'aidant des indications données.

> mein Hund – am Nachmittag allein zu Hause sein
> → **Ohne meinen Hund wäre ich am Nachmittag allein zu Hause.**

1. mein Wörterbuch – viele Probleme haben
2. mein Fahrrad – immer zu Hause bleiben müssen
3. meine Freunde – nicht spielen können
4. mein Taschenrechner – im Rechnen langsamer sein
5. mein Teddybär – nicht einschlafen können

Révisions

B. La subordonnée complétive interrogative

Les verbes qui expriment **une interrogation ou un doute** peuvent être complétés par une **proposition subordonnée**.
- Celle-ci est **introduite par *ob*** lorsque l'interrogation porte sur toute la proposition :
   *Der Tierarzt möchte wissen, **ob** die Leute für den Hund Zeit haben.*
- ou bien **par un mot interrogatif en *w-*** *(wer, was, wann, warum, wie...)* lorsque l'interrogation ne porte que sur une partie de la proposition (la personne qui agit, l'objet de l'action, le moment, la cause, la manière...) :
   *Der Junge fragt, **was** diese Tiere fressen, **wo** sie leben, **wann** sie aktiv sind...*
- Comme dans toute subordonnée, le verbe conjugué reste en dernière position.

KAPITEL 4

③ *La grand-mère de Florian l'accable de questions, Florian se plaint... Rapporte ses propos!*

1. Trinkst du immer noch so viel Cola? Schmeckt es dir wirklich?
2. Hast du eine sehr gute Freundin? Wer ist diese Antje aus Hamburg?
3. Welche Noten hast du in der Schule bekommen? Bist du zufrieden?
4. Wie war das letzte Schulkonzert? Habt ihr Erfolg gehabt? Habt ihr viel Geld verdient?
5. Wann besuchst du mich wieder? Willst du nicht mit mir ins Theater gehen?

> Warum gehst du nicht zum Friseur? Brauchst du Geld?
> ➜ **Die Oma hat mich gefragt, warum ich nicht zum Friseur gehe. Dann hat sie mich gefragt, ob ich Geld brauche.**

C. La subordonnée relative (pronom au nominatif et à l'accusatif) — *Révisions*

La proposition subordonnée relative sert à apporter une détermination à un nom. On l'utilise souvent pour **caractériser** ou pour **définir** un objet.
• La relative est introduite par un pronom relatif qui a, au nominatif et à l'accusatif, la même forme que l'article défini :

nominatif	sg. der, die, das	pl. die
accusatif	sg. den, die, das	pl. die

• Comme dans toute subordonnée, le verbe conjugué garde sa place finale.
  *Der Papagei ist ein Vogel, **der** sehr gern „**spricht**".*
  *Der Bussard ist ein Vogel, **den** man schützen **soll**.*

④ *Définis les personnes ou les objets suivants en t'aidant des indications données.*

1. ein Frühaufsteher *(früh aufstehen)*
2. ein Sonntagskind *(viel Glück haben)*
3. eine Armbanduhr *(am Arm tragen)*
4. ein Sonnenhut *(in der Sonne tragen / den Kopf vor der Sonne schützen)*
5. Bettschuhe *(im Bett tragen / gegen kalte Füße helfen)*

> ein Sonntagsfahrer *(nicht sehr gut fahren können)*
> ➜ **Ein Sonntagsfahrer ist jemand, der nicht sehr gut fahren kann.**

D. L'adjectif épithète dans le groupe nominal avec déterminant (cf. précis p. 142) — *Révisions*

L'adjectif épithète porte une marque qui dépend de celle du déterminant qui le précède.
• Si le déterminant porte une marque distinctive, l'adjectif portera une marque faible (-*n* ou -*e*) :

		masculin	neutre	féminin
sg.	nom.	d**er** klein**e** weiß**e** Hund	d**as** dick**e** Buch	d**ie** rot**e** Rose
	acc.	d**en** klein**en** weiß**en** Hund	d**as** dick**e** Buch	d**ie** rot**e** Rose
	dat.	mit d**em** klein**en** Hund	mit d**em** dick**en** Buch	mit d**er** rot**en** Rose
pl.	nom./acc.	d**ie** wertvoll**en** Spinnen		
	dat.	d**en** wertvoll**en** Spinnen		

• Si le déterminant ne porte pas de marque, c'est l'adjectif qui porte la marque distinctive :
  *einø weiß**er** Vogel   einø dick**es** Buch*
  *meinø klein**er** Bruder   unserø groß**es** Haus*

❺ On ne s'y retrouve plus ! Réponds aux questions.

Welcher Hund heißt Waldi? *(braun)*
→ **Der °braune Hund heißt Waldi!**

1. In welchem Haus wohnt ihr? *(klein grün)* –
2. In welche Klasse geht dein kleiner Bruder? *(dritt-)* –
3. Welcher Pulli gehört dir? *(gelb)* – 4. Welchen Schülern sollen wir helfen? *(neu)*
– 5. Welche Rosen findest du schöner? *(weiß)*

❻ Préciser la caractéristique. Réponds affirmativement.

Hast du ein Wörterbuch zu Hause? *(gut)*
→ **Klar, ich habe ein gutes Wörterbuch zu Hause!**

1. Hast du einen Brieffreund? *(toll)* – 2. Hast du ein Fahrrad? *(neu)* – 3. Bist du schon mal auf einem Schiff gewesen? *(groß)* – 4. Willst du auch deine Freundin einladen? *(best-)* – 5. Machst du manchmal Fehler? *(klein)*

E. La forme *würde* + infinitif

La forme de subjonctif II *würde* + infinitif sert à exprimer **un fait non-réel**. Elle s'utilise beaucoup pour les verbes faibles et pour les verbes forts qui ne sont pas les plus courants :
*Wenn er seinen Hund nicht hätte, **würde** der Mann nicht so oft **spazieren gehen**.*
*Ach, Florian **würde** gern Claudia von der Spinne **befreien**!*

❼ Tout ce que ces gens aimeraient faire... et ne peuvent pas (encore) faire ! Utilise le subjonctif II.

gern zu Hause bleiben / der faule Schüler
→ **Der faule Schüler würde gern zu Hause bleiben.**

1. eine Weltreise machen / *ich* – 2. im Sommer auf eine Insel fahren / *viele Leute* – 3. eine Klassenfahrt machen / *wir* – 4. viele Sprachen lernen / *ich* – 5. am Wochenende zu uns kommen / *meine Freundin*

❽ Si c'était le cas... Exprime une relation conditionnelle.

Zeit haben / heute spazieren gehen
→ **Wenn ich Zeit hätte, würde ich heute spazieren gehen.**

1. Zeit haben / meine Großeltern besuchen – 2. Geld haben / der Dritten Welt helfen – 3. Einzelkind sein / sich zu Hause langweilen – 4. am 25. Dezember geboren sein / nicht so viele Geschenke bekommen

F. L'emploi de l'accusatif après les prépositions

(voir précis grammatical p. 146) *Révisions*

- Les prépositions *für* (pour), *gegen* (contre), *ohne* (sans), *um* et *durch* sont toujours suivies de l'accusatif :
    *Die Leute sind **gegen diesen Hund**, weil er immer bellt.*
    ***Ohne ihre Katze** wäre die alte Frau sehr allein.*
- Il en va de même pour les prépositions « mixtes », qui sont suivies de l'accusatif chaque fois que la **relation** exprimée est **directive** (déplacement orienté vers un but) : *in, auf, zwischen*...
    *Diese Vögel fliegen im Winter **in den Süden**.*
    *Der Hund nimmt die Tüte **zwischen seine Zähne**.*

❾ L'esprit de contradiction... Réponds aux questions.

Fahrt ihr im Winter in den Süden? *(Norden)*
→ **Nein, wir fahren im Winter in den Norden!**

1. Willst du dich auf diesen Stuhl setzen? *(Boden)* – 2. Setzt du dich neben mich? *(Eltern)* – 3. Stellst du die Vase auf deinen Schreibtisch? *(Regal)* 4. Geht ihr morgen in die Oper? *(Theater)* – 5. Fahrt ihr im Sommer ans Meer? *(Bodensee)*

KAPITEL 4

VARIATIONEN

Zum Lesen

Wie argumentieren die Schüler für und gegen Tierversuche?

Tierversuche[1]

„Noch irgendwelche Fragen?" fragte die Biologielehrerin.
„Ich wollte noch was wissen, Frau Dottermusch", meldete sich einer der Jungen.
Frau Dottermusch sagte: „Ja, denn mal los, Peter! Was willst du wissen?"
„Wofür braucht man eigentlich weiße Mäuse?" fragte der Junge, und es war nicht ganz klar, ob er die Frage nur aus Jux[2] stellte, oder ob er es ernst meinte[3]. Frau Dottermusch verbiss sich ein Lächeln[4].
„Das kann ich dir nicht sagen, ich könnte dir auch nicht erklären, wozu man Insekten und Blumen und vieles andere braucht", sagte sie. „Vieles hat in der Natur seinen Platz, seinen Sinn... und wir merken erst, welchen Sinn es gehabt hat, wenn es verschwunden[5] ist."
„Die weißen Mäuse gebraucht man auch als Versuchstiere", sagte ein Mädchen, das links neben Claudia saß. „In den Fabriken, wo sie Arzneien[6] machen oder Lippenstifte[7] und so was…"

1. (r) Versuch (e): *l'expérience (scientifique)* - 2. aus Jux: *pour plaisanter* - 3. etwas ernst meinen: *penser qc. sérieusement* - 4. sich ein Lächeln verbeißen (i, i): *se mordre les lèvres pour ne pas sourire* - 5. verschwinden (a, u): *disparaître* - 6. (e) Arznei (en): *le médicament* - 7. (r) Lippenstift (e): *le rouge à lèvres*

15 „Ja. Ich finde es jedenfalls schlimm", sagte Frau Dottermusch, „und bin ganz entschieden dagegen, dass man die Tiere zu Versuchszwecken verwendet, weil die Industrie testen will, ob eine Hautcreme[8] hautfreundlich, ein Puder, eine Lippenstiftfarbe oder irgendwelche Parfüms unschädlich[9] sind. Dabei ist es mir egal, ob man Mäuse, Meerschweinchen, Hunde, Katzen, Affen oder andere Tiere tage-
20 lang, wochenlang zu Tode quält. Und das, nur damit sich die Leute schön anmalen oder eincremen können!"
Das Mädchen neben Claudia meldete sich noch mal.
„Aber in der Medizin sind Tierversuche notwendig[10], hat mein Vater gesagt. Mit solchen Versuchen hat man Medikamente erfunden und entwickelt, die echt geholfen haben."
25 Die Mädchen und Jungen der Klasse überlegten nicht lange, sondern nahmen Stellung für oder – in der Mehrzahl – gegen die Versuche an lebenden Tieren. Frau Dottermusch hatte noch nie eine so heiße Diskussion erlebt, und auch die Schulklingel beendete den Meinungsstreit nicht gleich.

frei nach Hansjörg Martin, *Die Sache mit den Katzen*

8. (e) Haut: *la peau* - 9. unschädlich: *qui n'est pas nocif* - 10. notwendig: *nécessaire*

KAPITEL 4
VARIATIONEN

Zum Hören

 Was muss ein Begleithund lernen?

HÖR UND WIEDERHOLE!

être disposé à apprendre
 lernbereit sein
la formation die Ausbildung
l'ordre der Befehl (e)
l'éducateur der Erzieher
caresser streicheln

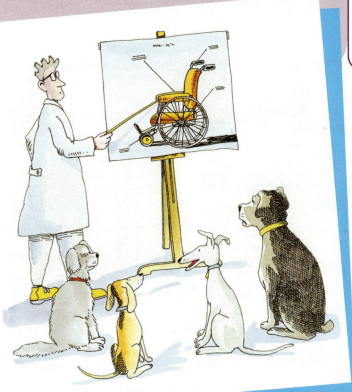

Zum Schreiben

Du hättest gern einen Hund.

- Du bist Einzelkind, du liebst Tiere.
- Du weißt aber, was es für Arbeit bedeutet.
- Du bist bereit, dich um den Hund zu kümmern, auch in den Ferien.

Deine Eltern sind dagegen.

- Sie sind beide berufstätig und haben wenig Zeit.
- Sie möchten nicht soviel Geld für einen Hund ausgeben.
- Ihr wohnt in der Stadt, die Hausordnung ist sehr streng: Sauberkeit, Lärm, usw...

Du: Weißt du was, Mutti, ich hätte so gern einen Hund...
Deine Mutter: Na ja, die Hausordnung sagt, ...

Schreibe den Dialog weiter!

Lauter Laute!

A. Aussprache

war – wäre
hat – hätte
konnte – könnte
Kuh – Kühe

[aʊ]
Haus / Haustier
Auge / Augenblick
Maus / eine graue Maus

[aɪ]
weiß / Edelweiß
Heim / Altersheim
frei / befreien

B. Betonung

Der Be°hinderte ruft den Labra°dor. Der junge Be°hinderte ruft den schwarzen Labra°dor.

Das Herrchen lobt seinen °Freund. Das Herrchen in dem °Rollstuhl lobt seinen °klugen, ge°horsamen und °liebevollen Freund.

Übermut

Ein' Gems' auf dem Stein,
Ein' Vogel im Flug,
Ein Mädel, das klug,
Kein Bursch holt die ein.

Eichendorff

Wortschatz

(e) Angst
etwas schrecklich finden (a, u)
etwas furchtbar finden
Angst vor jdm/etwas haben
um Hilfe rufen (ie, u) / schreien (ie, ie)
sich beruhigen

Tiere quälen
jagen
töten
(s) Gift (e)
Tierversuche machen

Tiere lieben
Tiere schützen
Tiere pflegen
sich um ein Tier kümmern
ein Tier füttern

Wortfamilien

(r) Schutz

schützen
die Natur schützen
die Umwelt schützen

(r) Naturschutz
(r) Umweltschutz

(r) Umweltschützer
(e) Umweltschützerin

KAPITEL 4

»Wenn ich ein Vöglein wär',
Und auch zwei Flügel hätt',
Flög ich zu dir...

**In diesem bekannten Volkslied möchte der Erzähler ein Vogel sein.
Er hätte gern Flügel, so könnte er zu seiner Geliebten fliegen.**

Und wie ist es bei dir?
- **Wenn du ein Tier wärest, welches Tier möchtest du dann sein?**
- **Wie würdest du aussehen?**
- **Wo würdest du leben?**
- **Was könntest du tun?**
- **Hättest du eine bestimmte Funktion bei den Menschen? Welche?**

**Such dir in Florians Worten die Redemittel aus,
die du dazu brauchst !**

Wenn ich ein Tier wäre, wäre ich gern eine Spinne. Ich hätte sehr lange Beine und einen schwarzen Kopf mit ganz kleinen Augen. Ich würde schrecklich aussehen. Ich würde kleine Fliegen fressen. Am liebsten würde ich in Claudias Zimmer leben. Nachts würde ich unter ihrem Bett schlafen, aber am Tag würde ich mich überall zeigen: auf ihrem Bett, in ihrem Schrank oder auf ihrem Schreibtisch. So könnte ich Claudia den ganzen Tag ärgern, sie hätte dann große Angst und ich hätte so einen Spaß!

"... Weil's aber nicht kann sein,
Weil's aber nicht kann sein,
Bleib ich all hier."

Die Freiheit

Vor ein paar Tagen ging ich in den Zoo.
Die Sonne schien,
ich war ums Herz so froh,
vor einem Käfig sah ich Leute steh'n,
da ging ich hin,
um mir das näher anzusehen.

„Nicht füttern",
stand auf einem großen Schild
und „bitte auch nicht reizen,
da sehr wild!"
Erwachsene und Kinder schauten dumm,
und nur ein Wärter schaute grimmig
und sehr stumm.

Ich fragte ihn
„Wie heißt denn dieses Tier?",
„Das ist die Freiheit!" sagte er zu mir,
„Die gibt es so selten auf der Welt,
drum wird sie hier für wenig Geld
zur Schau gestellt."

Ich schaute und ich sagte „Lieber Herr,
ich seh' ja nichts, der Käfig ist doch leer."
„Das ist es ja gerade" - sagte er -
„Der Gag. Man sperrt sie ein
und augenblicklich ist sie weg."

Die Freiheit ist ein wundersames Tier
und manche Menschen haben Angst vor ihr,
doch hinter Gitterstäben geht sie ein,
denn nur in Freiheit
kann die Freiheit Freiheit sein.

Georg Danzer

Dans ce chapitre, tu vas apprendre

→ **à comprendre et à t'exprimer :**
- choisir la perspective passive
- décrire des faits non réels dans le passé
- qualifier un objet indéterminé
- comparer deux objets ou deux personnes

→ **comment fonctionne la langue :**
TEIL 1
- Le passif sans sujet
- Le subjonctif II passé
- Le relatif au datif
- Le génitif
- Le comparatif

TEIL 2
- Le passif avec sujet
- Le passif au prétérit
- L'agent

→ **à connaître les pays germanophones :**
- Gutenberg : l'"homme du millénaire"

KAPITEL 5
Was bringen uns *Erfindungen*?

KAPITEL 5
DER MODERNE FORTSCHRITT

1. Jetzt wird aufgepasst!

Am Tag vor dem Konzert sagt der Dirigent, was er von den Musikern erwartet. Du bist der Dirigent. Du hast dir Notizen gemacht.

Du: Heute Abend wird nicht ferngesehen.

GA ←

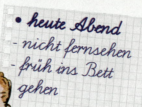

- **heute Abend**
  - nicht fernsehen
  - früh ins Bett gehen
- **morgen früh**
  - um 7 aufstehen
  - um 8 frühstücken
  - um 9 proben
- **beim Konzert**
  - nicht sprechen
  - nicht träumen
  - nicht lachen

HÖR UND WIEDERHOLE!

le succès der Erfolg (e)
le progrès der Fortschritt (e)
enthousiaste begeistert
la publicité die Werbung
le haut-parleur der Lautsprecher (-)

2. Apropos Fortschritt

 a. Hör zu! Hat beim Konzert alles geklappt?

Claudia: Das Publikum war begeistert! Unser Konzert war ein richtiger Erfolg.
Antje: Ich fand es auch und habe mich richtig gefreut. Weißt du, Claudia, es war doch gut, dass wir vor zwei Tagen die Presse eingeladen haben! Die Journalisten haben Werbung für uns gemacht.
Claudia: Stimmt! Gestern war ja in der Zeitung ein langer Artikel über uns mit dem Titel: „Morgen wird im Stadtpark musiziert." Ohne diesen Artikel wären bestimmt nicht so viele Leute gekommen. Zeitungen sind manchmal etwas Nützliches!
Antje: Ich finde, Zeitungen und Zeitschriften sind überhaupt eine gute Sache. Auch Bücher, natürlich! Stell dir vor: Wie wäre es, wenn wir keine Zeitungen und keine Bücher hätten? Viele Informationen hätten wir gar nicht!
Claudia: Ja, ja... der Fortschritt ist etwas Gutes! Aber nur wenn alles funktioniert! Unsere Lautsprecher haben nicht sehr gut funktioniert und ein Mikrophon war nicht in Ordnung. Wenn wir in einer Kirche gespielt hätten, wäre die Akustik besser gewesen, und zwar ohne Lautsprecher, das heißt: Ohne den Fortschritt!...
Florian: Fortschritt, Fortschritt! Apropos Fortschritt: Meine Partitur ist gestern nass geworden, und Partituren darf man nicht fotokopieren. Wozu hat man denn diese schönen Kopiergeräte erfunden?!
Claudia: Aha! Unser armer Florian kann doch nicht alles auswendig und braucht eine Partitur!

b. Was meinst du? Kann der Fortschritt alle Probleme lösen?

GB ←
Merk dir das! ←

TEIL 1

3. Immer schneller, immer ferner

a. Wozu diese Erfindungen?

Du: Die Fernbedienung ist ein Gerät, mit dem man ein anderes Programm wählt.

(s) Fernglas (s) Fernrohr (r) Fernseher (e) Fernbedienung (r) Fernsprecher (e) Schreibmaschine

(r) Apparat (e)
(s) Gerät (e)
(e) Maschine (n)

entfernte Gegenstände und Personen sehen
den Himmel und die Sterne beobachten

GC ←

b. Bei Erfindern wird überall und den ganzen Tag gearbeitet.

Du: Bei Familie Wachmann wird nicht lange geschlafen.

auf|stehen   testen
rechnen   basteln

Familie Wachmann   Familie Probemeister   Familie Ziffer   Familie Hammer   Familie Archimedes

4. Leben wir besser?

a. Was hältst du von diesen Erfindungen? Warum?

Du: Die Erfindung des Fotoapparats ist eine tolle Erfindung. Wenn wir keinen Fotoapparat hätten, hätten wir zum Beispiel keine Erinnerungen an die Ferien.

mit Freunden kommunizieren
schneller fahren, Eis essen
nicht müde von der Fahrt sein
das Essen warm machen

GD ←

  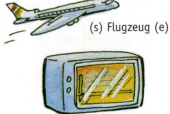

(s) Flugzeug (e)

(r) Kühlschrank (¨e)   (e) Mikrowelle

siebenundsiebzig

KAPITEL 5

b. Vergleiche den Wagen von morgen mit dem Wagen von vorgestern!

Du: Der Wagen von morgen ist sicherer als der Wagen von vorgestern.

- 5 000 DM / 2 556 €
- bis 100 km pro Stunde
- komfortabel (?)

- sicher (Airbags, ABS-Bremsen)
- komfortabel
- bis 220 km pro Stunde
- bis 500 000 km
- Preis: 45 000 DM / 23 000 €
- umweltfreundlich (Katalysator)

GE ←

5. Deutsche Erfinder

Wer sind diese berühmten Deutschen?

Lehrerin: Wer ist Hoffmann?
Du: Es ist der Mann, dem wir die Aspirin-Tablette verdanken.

Dr. Felix HOFFMANN   Karl VON FRISCH / Konrad LORENZ   Werner VON BRAUN   Rudolph DIESEL   Gottlieb DAIMLER / Carl BENZ

Melitta BENTZ

(e) Aspirin-Tablette   (r) Kaffeefilter   (e) Arbeit über die Bienensprache   (e) Weltraumrakete   (r) Dieselmotor   (s) Automobil

▶ **UNTER UNS GESAGT...**
Inwiefern sind Erfindungen notwendig? Gib Beispiele!

NUN BIST DU DRAN

Stell dir vor, du hast eine Wundermaschine erfunden, die das Leben leichter macht. Du machst Werbung für sie. Du erklärst, wie sie aussieht, wie sie funktioniert, wozu sie gebraucht wird.

Du: Meine Wundermaschine ist ein Apparat,
      der mit ...... funktioniert.
      mit dem man...
      Mit dieser Maschine wird...

TEIL 2

DER „MANN DES MILLENIUMS"

1. Auf Gutenbergs Spuren

a. Hör zu! Wie, wann und wo hat Gutenberg den Buchdruck erfunden?

HÖR UND WIEDERHOLE!

le maître der Meister (-)
le compagnon der Geselle (n, n)
l'atelier die Werkstatt (¨-en)
la technique de l'imprimerie
der Buchdruck   imprimer drucken

eine Druckpresse

eine Weinpresse

Mainz, 1499. Adam Gelthuß geht durch die Straßen und klopft an eine Tür.

Adam Gelthuß: Guten Abend. Ich heiße Adam Gelthuß und interessiere mich für das Leben Ihres Meisters: Henne Gensfleisch, der 1468, vor dreißig Jahren also, gestorben ist. Ich weiß wenig über sein Leben.

Der Geselle: Über meinen Meister weiß ich auch nicht viel, aber kommen Sie bitte herein und setzen Sie sich! Ich antworte gern auf Ihre Fragen.

Adam Gelthuß: Er hieß Henne Gensfleisch. Wie kommt es also, dass er Gutenberg genannt wurde?

Der Geselle: Er wurde in Mainz im Hofe zum Gutenberg geboren. Daher sein Name.

Adam Gelthuß: Wissen Sie, wann er geboren wurde?

Der Geselle: Gegen 1397, ich weiß es aber nicht genau.

Adam Gelthuß: Und wann haben Sie ihn kennen gelernt?

Der Geselle: Im Jahre 1439, nicht in Mainz, sondern in Straßburg, als er seine ersten Druckversuche mit einer Presse machte.

Adam Gelthuß: Wieso die ersten Versuche mit einer Presse?

Der Geselle: Er hatte eine Weinpresse gesehen, dann kam er auf diese Idee, eine Druckpresse zu bauen. Mein Meister war nicht nur genial, sondern auch sehr hartnäckig. Er musste alles von A bis Z allein herausfinden.

Adam Gelthuß: Ist er lange in Straßburg geblieben?

Der Geselle: Im Jahre 1448 kam Gutenberg nach Mainz zurück. Da machte seine Kunst große Fortschritte. Stellen Sie sich mal vor, zwischen 1452 und 1455 wurde die Bibel gedruckt: 180 Exemplare.

Adam Gelthuß: Eine wunderbare Erfindung! Sie wird die Welt bestimmt verändern.

Merk dir das! ←

KAPITEL 5

2. Die schwarze Kunst

Die Buchdruckkunst ist nicht einfach. Erkläre die Arbeit!

Du: Zuerst werden die Buchstaben gesetzt. Dann...

Buchstaben setzen — das Blatt drucken — das Papier abschneiden *(abgeschnitten)* — die Blätter trocknen — das Buch binden *(gebunden)*

GF ←

3. Gutenberg hatte nicht nur Freunde

a. Hör zu! Warum ist der Mönch nicht zufrieden?

HÖR UND WIEDERHOLE!

le résultat das Ergebnis (se)
cette satanée machine
  diese verdammte Maschine
remplacer ersetzen
C'est le comble !
  Das ist doch die Höhe!
Que le diable l'emporte !
  Der Teufel soll ihn holen!

b. Lies mal! Nach dem Tod von Gutenberg erzählt der reiche Kaufmann Johannes Fust.

Dieser Gutenberg brauchte immer viel Geld, Papier ist nämlich sehr teuer. Ich habe ihm geholfen. Ich habe ihm 1600 Gulden[1] gegeben, so konnte er seine Erfindung realisieren. Er war aber undankbar: Ich habe gewartet und gewartet, er konnte mir aber das Geld nie zurückzahlen. Dann habe ich einen Prozess gegen ihn gemacht und gewonnen. Gutenberg verlor alles, was er hatte: sein Material, seine Maschinen, seine Werkstatt, die ich übernahm[2]. Er konnte nicht mehr arbeiten und drucken. Ich aber habe viel Geld verdient, denn die Bibel wurde dann in meiner Werkstatt gedruckt.

1. (r) Gulden (-): *le florin (unité de monnaie)* - 2. die Werkstatt übernehmen: *reprendre l'atelier.*

TEIL 2

4. Am Anfang war die Bibel

Erzähle die Geschichte der Bibel!

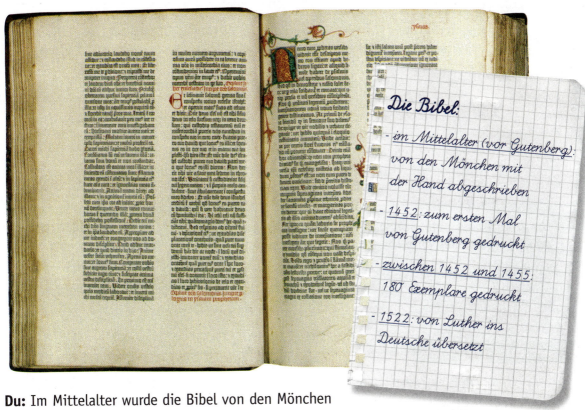

Die Bibel:
- im Mittelalter (vor Gutenberg): von den Mönchen mit der Hand abgeschrieben
- 1452: zum ersten Mal von Gutenberg gedruckt
- zwischen 1452 und 1455: 180 Exemplare gedruckt
- 1522: von Luther ins Deutsche übersetzt

Du: Im Mittelalter wurde die Bibel von den Mönchen mit der Hand geschrieben.

GG, GH ←

5. Gutenberg-Quiz

 a. Gutenbergs Gespenst stellt dir Fragen. Hör zu und antworte ihm!

Gespenst: Was geschah, als ich in Straßburg war?
Du: Als Sie in Straßburg waren, da machten Sie die ersten Versuche mit einer Presse.

b. QUIZ: Teste deine Kenntnisse über Gutenberg! Kreuze die richtigen Antworten an!

UNTER UNS GESAGT...
▶ Braucht ein Erfinder nur Ideen?

NUN BIST DU DRAN

Schreibe einen Dialog zwischen dem Erfinder des Internets und einem Buchhändler, der Angst hat, dass er eines Tages keine Bücher mehr verkaufen kann.

KAPITEL 5
GRAMMATIK IST TRUMPF

A. Le passif sans sujet

Pour **décrire une action sans évoquer la personne ou la chose qui la subit**, on utilise un énoncé dont le verbe est au **passif** et n'a **pas de sujet** :
> *Bei uns zu Hause wird um 7 gefrühstückt.*

Le passif se forme avec l'auxiliaire *werden* et le participe II du verbe concerné. Lorsque le verbe n'a pas de sujet, l'auxiliaire est au singulier.

Dans de tels énoncés au passif sans sujet, souvent celui qui fait l'action n'est pas non plus évoqué. Ces énoncés permettent ainsi de **centrer l'attention sur l'action** elle-même :
> *Zuerst wird gegessen, dann wird gearbeitet, und danach... wird gespielt.*

Ils correspondent souvent à la tournure française qui emploie le pronom "on" :
> *D'abord on mange, ensuite on travaille et après... on joue.*

❶ Un programme pour nonchalants! Décris les actions en employant des énoncés au passif sans sujet.

> Montag – bis Mittag schlafen
> ➔ **Am Montag wird bis Mittag geschlafen.**

1. Dienstag – backen, Kaffee trinken und fernsehen – 2. Mittwoch – zwei Stunden im Garten arbeiten – 3. Freitagnachmittag – aufräumen, sauber machen, fein essen

B. Le subjonctif II passé

Lorsqu'un **fait non-réel** est **situé dans le passé**, on emploie le **subjonctif II passé**.
Le subjonctif II passé est une forme composée, proche du plus-que-parfait. Il est en effet constitué de l'auxiliaire *haben* ou *sein* et du participe II du verbe concerné.
C'est l'auxiliaire qui porte les marques de subjonctif II (*hätte-* ou *wäre-*) et de personne.
> *spielen* ➔ *hätte gespielt*   *gehen* ➔ *wäre gegangen*

Le subjonctif II s'emploie pour exprimer le **regret** par rapport à un fait qui n'a pas eu lieu :
> *Ach, wenn ich es nur gewusst hätte!*

ou pour exprimer une **relation conditionnelle qui ne s'est pas réalisée** :
> *Wenn die Musiker in einer Kirche gespielt hätten, wäre die Akustik besser gewesen.*

➔ On utilise le subjonctif dans la subordonnée, alors que le français emploie l'indicatif :
> *Wenn ich es gewusst **hätte**, ...*   *Si **j'avais** su, ...*

❷ Ah, si seulement cela avait été autrement... Forme des énoncés exprimant le regret.

> Der Erfinder hat kein Geld gehabt.
> ➔ **Ach, wenn er nur Geld gehabt hätte!**

1. Der Erfinder ist allein gewesen. – 2. Der Erfinder hat keine Leute um sich. – 3. Der Erfinder hat zu lange gewartet. – 4. Der Erfinder ist nicht ins Ausland gefahren.

❸ Et si cela n'était pas arrivé?... Indique ce qui aurait pu arriver en mettant en relation les deux propositions.

> Ich habe nicht aufgepasst.
> Ich habe mir weh getan.
> ➔ **Wenn ich aufgepasst hätte, hätte ich mir nicht weh getan.**

1. Die Kinder haben die Journalisten eingeladen. Viele Leute sind gekommen. – 2. Die Mikrophone haben funktioniert. Das Konzert war ein Erfolg. – 3. Die Musiker haben draußen gespielt. Sie haben Lautsprecher gebraucht. – 4. Karl der Große hat die Schule erfunden. Jeder kann lesen und schreiben lernen (lernt).

C. Le relatif au datif

Le pronom relatif au datif a, au **singulier**, les mêmes formes que l'article défini :
   masculin   *dem*   neutre   *dem*   féminin   *der*
Au **pluriel**, la forme est différente de celle de l'article : *denen*
Il s'emploie
- soit **après une préposition** qui demande le datif :
   *Wie heißt der Junge, **mit dem** du gesprochen hast?*
- soit avec un verbe qui demande le datif :
   *Der Mann, **dem** wir den Dieselmotor verdanken, heißt Rudolf Diesel.*

④ C'est quoi? Donne des définitions.

1. Was ist ein Telefax? – 2. Was ist ein Waschautomat? – 3. Was ist ein Toaster? – 4. Was sind Lautsprecher? – 5. Was ist ein Drucker? – 6. Was ist ein Flaschenöffner? – 7. Was ist ein Scanner?

> Was ist ein Fernsprecher?
> ➔ **Ein Fernsprecher ist ein Gerät, mit dem man telefonieren kann.**

D. Le génitif

Le **génitif** est le cas qui s'emploie dans le groupe nominal pour marquer **le complément du nom**.
   die Erfindung des Fernsehers und des Telefons
   die Erfindung der Mikrowelle
   das Haus meiner Eltern
- Au **masculin** et au **neutre, la marque du génitif est double** : le *-s* se trouve sur le déterminant **et** sur le nom.
- Au féminin et au pluriel, la marque est *-r*.
Le groupe nominal au génitif est **toujours placé après le nom qu'il détermine**, sauf lorsqu'il s'agit d'un nom propre : *Florians Eltern*.

⑤ Les inventions qui les ont rendus célèbres. Indique l'invention de chacun des personnages évoqués.

1. Diesel *(der Dieselmotor)* – 2. Benz *(ein Motorwagen mit drei Rädern)* – 3. Melitta Bentz *(der Kaffeefilter)* – 4. Graf Zeppelin *(das Luftschiff)* – 5. Felix Hoffmann *(die Aspirin-Tablette)*

> Drais? *(das Fahrrad)*
> ➔ **Drais ist durch die Erfindung des Fahrrads berühmt geworden.**

E. Le comparatif

Pour **comparer la qualité** de deux personnes, de deux choses, de deux actions ou de deux situations, on emploie un **adjectif au comparatif**.
- La marque du comparatif portée par l'adjectif est *-er* :
   Der IC fährt schnell, aber der ICE fährt noch schneller.
De nombreux adjectifs qui n'ont qu'une syllabe subissent en outre l'**inflexion** de leur voyelle :
   jung → jünger   alt → älter   lang → länger
- L'élément par rapport auquel on compare est introduit par *als* :
   *Heute fahren die Züge schneller **als** früher.*

⚠ Attention aux **formes irrégulières** : *gut → besser   viel → mehr*

KAPITEL 5

❻ Comparaisons aisées! Forme des énoncés à l'aide des informations données.

1. lang sein – in Frankreich / in Deutschland *(die Sommerferien)*
2. gut essen – am Sonntag / in der Woche *(wir)*
3. kurz sein – im Winter / im Sommer *(die Tage)*
4. bequem sein – mit dem Bus / mit der Bahn *(eine Reise)*
5. viel lernen müssen – auf dem Gymnasium / in der Grundschule *(man)*

> schnell fahren – heute / früher *(die Leute)*
> ➜ **Heute fahren die Leute schneller als früher.**

F. Le passif avec sujet

Dans un énoncé au passif, on peut mentionner **la personne ou la chose qui subit l'action ou la chose qui est créée par l'action**. Lorsque le verbe est transitif, elle est désignée par un groupe nominal en fonction de **sujet**.
  Der Solist *wird vorgestellt.*
  Heute Abend wird **ein Kuchen** *gebacken.*
Le verbe s'accorde avec le sujet :
  Dann **werden** *Lieder gesungen.*

❼ Et oui, c'est ainsi que cela se passe! Forme des énoncés en t'aidant des éléments donnés.

1. Die Journalisten? eingeladen? vor dem Konzert?
2. Die Lautsprecher? installiert? jetzt gleich?
3. Das Mikrophon? repariert? erst morgen?
4. Der Dirigent? vorstellen? immer?
5. Der Solist? beim Namen genannt? jedes Mal?

> Die Konzertkarten? verkauft? vor dem Konzert?
> ➜ **Ja, die Konzertkarten werden vor dem Konzert verkauft!**

G. Le passif au prétérit

Lorsqu'on veut **situer une action dans le passé**, on peut employer un énoncé au **passif au prétérit**. C'est l'auxiliaire *werden* qui prend la forme du **prétérit** : *wurde*.
  Zwischen 1452 und 1455 **wurden** *180 Exemplare der Bibel* **gedruckt**.
  Das Eis **wurde** *in China* **erfunden**.

❽ C'était ainsi à l'époque…Forme des énoncés au passif en employant le prétérit pour décrire une situation passée.

1. beim Essen – nicht sprechen – 2. in der Schule – viel lesen, schreiben und rechnen – 3. in der Woche – nur arbeiten – 4. am Samstag – sauber machen – 5. am Sonntag – Pause machen

> zu Hause – nicht spielen
> ➜ **Zu Hause wurde nicht gespielt.**

H. L'agent

Lorsque, dans un énoncé au passif, on veut mentionner **la personne qui agit** (= l'agent), on emploie la préposition *von* :
  Früher wurden die Bücher **von den Mönchen** *mit der Hand geschrieben.*
Au passif, l'agent n'est généralement mentionné que s'il s'agit d'une information importante :
  Die Dynamomaschinen wurden **von Siemens** *erfunden.*
Rappel : la préposition *von* est toujours suivie du **datif**.

VARIATIONEN

Zum Hören

 Wie wurde der Name „adidas" zu einer Weltmarke?

HÖR UND WIEDERHOLE!

fabriquer her|stellen
le fondateur der Gründer (-)
l'électricité, le courant der Strom
la rayure, la bande der Streifen (-)
le championnat du monde
　　　　　　　　die Weltmeisterschaft

Zum Schreiben

Stell dir vor: Nach einer großen Panne hätten wir in der ganzen Stadt keinen Strom mehr. Wie wäre es dann in der Stadt, in den Häusern, in der Schule...?
Du: Wenn wir keinen Strom mehr hätten...
　　　Ohne Strom würden wir...

KAPITEL 5

Zum Lesen

Was finden der Apotheker und sein Neffe in dieser Stadt ungewöhnlich?

Elektropolis

Der Apotheker Ringelhuth und sein Neffe[1] Konrad machen eine merkwürdige[2] Reise und werden von Negro Kaballo, einem Pferd[3] auf Rollschuhen begleitet. Sie kommen in eine seltsame Stadt.

5 Onkel und Neffe gingen über den großen Platz, über den Hunderte von Autos fuhren... Konrad, der neugierig einen Wagen beobachtet hatte, schüttelte den Kopf[4]. „Stellt euch vor", sagte er, „die Autos fahren von selbst, ohne Fahrer und ohne Steuer[5]. Mir ist das völlig unbegreiflich[6]!"
Da bremste ein Wagen und hielt[7] neben ihnen. Eine alte Dame saß hinten. Sie fragte freundlich: „Sie sind wohl nicht von hier?"
10 „Stimmt", antwortete der Onkel. „Können Sie uns erklären, wieso hier die Autos von selbst fahren?"
Die alte Dame lächelte. „Unsere Wagen werden ferngelenkt", erzählte sie. „Ein elektromagnetisches Feld[8] ist mit einer Radiozentrale verbunden[9]. Ganz einfach, was?"
„Lächerlich einfach", meinte der Onkel.

1. (r) Neffe (n, n): *le neveu* - 2. merkwürdig, seltsam: *bizarre* - 3. (s) Pferd (e): *le cheval* - 4. den Kopf schütteln: *secouer la tête* - 5. (s) Steuer: *le volant* - 6. unbegreiflich: *incompréhensible* - 7. halten (ä, ie, a): *s'arrêter* - 8. das magnetische Feld: *le champ magnétique* - 9. verbinden (a,u): *relier*

15 Konrad rief ärgerlich: „Und ich wollte doch Schofför werden!"
Die alte Dame fragte: „Wozu willst du denn Schofför werden?"
„Na, um Geld zu verdienen", antwortete der Junge.
„Wozu willst du denn Geld verdienen?" fragte die alte Dame.
„Sie sind aber komisch!" rief Konrad. „ Wer nicht arbeitet, verdient kein Geld.
20 Und wer kein Geld verdient, muss verhungern!"
„Das sind doch überholte[10] Konzeptionen", sagte die alte Dame. „Mein liebes Kind, hier in Elektropolis arbeitet man nur zu seinem Vergnügen[11], oder um schlank zu bleiben, oder um was zu lernen. Denn alles, was wir zum Leben brauchen, wird mit Maschinen hergestellt, und die Bewohner bekommen es
25 umsonst[12]."
Wie staunten sie, als sie sahen, wie ein Herr ein kleines Telefon aus der Manteltasche zog, eine Nummer hineinsprach und rief: „Gertrud, hör mal, ich habe noch zu tun, ich komme heute eine Stunde später zum Abendessen. Auf Wiederhören, Schatz!"

frei nach Erich Kästner, *Der 35. Mai* (1932)

10. überholt: *dépassé* - 11. (s) Vergnügen: *le plaisir* -
12. umsonst: *gratuitement*.

KAPITEL 5

 ## Lauter Laute!

A. Aussprache

[ɔɪ]
Leute
freuen
Teufel
teuer

[ʊŋ]
Ordnung
Erfindung / Erfindungen
Zeitung / Zeitungen
Übung / Übungen
Werbung

B. Betonung

Die Bibel wurde zum ersten Mal von °Gutenberg gedruckt. Später wurde sie von Luther ins °Deutsche übersetzt.

Die Entwicklung der Menschheit

*Einst haben die Kerls auf den Bäumen gehockt,
behaart und mit böser Visage.
Dann hat man sie aus dem Urwald gelockt
und die Welt asphaltiert und aufgestockt,
bis zur dreißigsten Etage.*

*So haben sie mit dem Kopf und dem Mund
den Fortschritt der Menschheit geschaffen.
Doch davon mal abgesehen und
bei Lichte betrachtet sind sie im Grund
noch immer die alten Affen.*

Erich Kästner

 ## Wortschatz

- suchen
- finden (a, u)
- auf eine Idee kommen (a, o)

↓

- etwas versuchen
- (r) Versuch (e)

↓

- etwas erfinden
- (e) Erfindung (en)

▶

- (r) Fortschritt (e)
- die Welt verändern
- das Leben leichter machen

↑

- Erfolg haben
- (r) Erfolg (e)
- Glück haben
- (s) Ergebnis (se)
- zu einem Ergebnis kommen
- genial sein
- berühmt / bekannt / weltbekannt werden

Wortfamilien

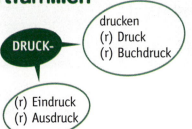

DRUCK-
- drucken
- (r) Druck
- (r) Buchdruck
- (r) Eindruck
- (r) Ausdruck

SCHREIB-
- schreiben
- abschreiben
- beschreiben
- (e) Schrift
- (e) Handschrift
- (e) Zeitschrift
- (e) Schreibmaschine
- (r) Schreibtisch

PROJEKT

Hans Mittelalter und sein Diener, die vor 500 Jahren gelebt haben, sind bei dir zu Hause. Sie sehen viele Geräte und Apparate, die sie nicht kennen. Sie entdecken den modernen Fortschritt und stellen Fragen:

- Was macht man mit...?
- Wann...?
- Wozu wird...?

– Du führst sie durch das Haus und zeigst ihnen alle modernen Geräte. Erkläre ihnen, wozu man diese Geräte braucht, und wie sie funktionieren!

– Stellt euch vor: Sie kommen jetzt in euren Klassenraum. Was wollt ihr ihnen zeigen?

Such dir in folgendem Text die Redemittel aus, die du dazu brauchst!

Der Fernseher: Gebrauchsanweisung

Ein Fernseher ist ein Apparat, den man benutzt, um sich etwas anzusehen.

Dieser Apparat funktioniert mit Strom. Zuerst wird auf den Knopf gedrückt.

Mit diesem Apparat kannst du wissen, was in der Welt passiert. Durch den Fernseher wird man schneller informiert als durch die Zeitung. Ohne das Fernsehen würde man nicht wissen, wie das Wetter am nächsten Tag ist. Manchmal läuft ein interessanter Film.

Der Film zeigt eine Geschichte, die man nicht zu lesen braucht. Mit der Fernbedienung braucht man nicht aufzustehen, um ein anderes Programm zu wählen. Man kann ruhig im Sessel sitzen bleiben.

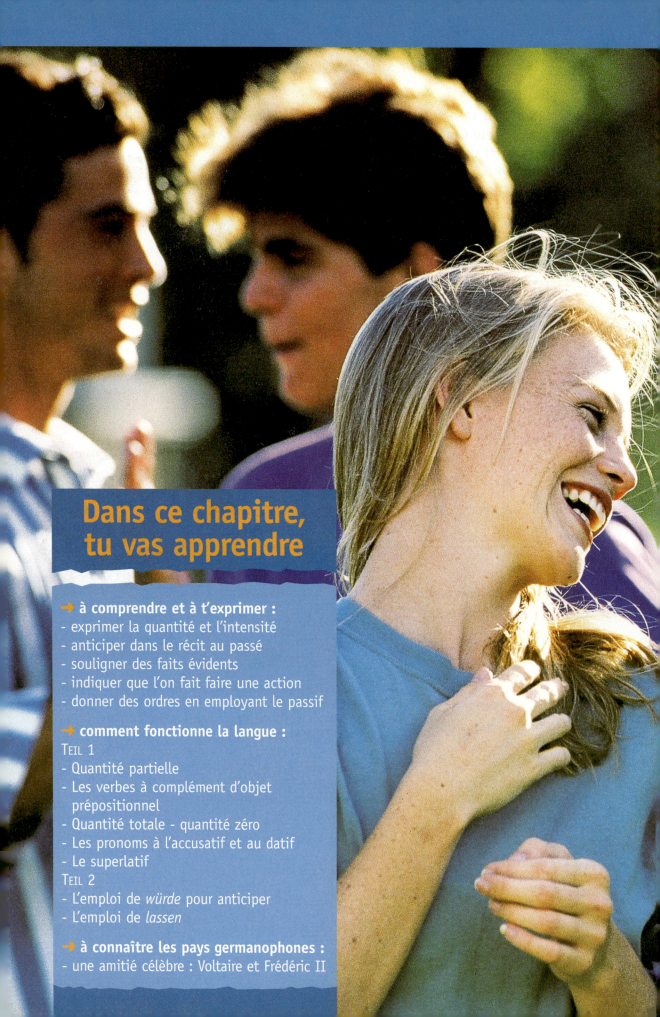

Dans ce chapitre, tu vas apprendre

→ **à comprendre et à t'exprimer :**
- exprimer la quantité et l'intensité
- anticiper dans le récit au passé
- souligner des faits évidents
- indiquer que l'on fait faire une action
- donner des ordres en employant le passif

→ **comment fonctionne la langue :**
TEIL 1
- Quantité partielle
- Les verbes à complément d'objet prépositionnel
- Quantité totale - quantité zéro
- Les pronoms à l'accusatif et au datif
- Le superlatif

TEIL 2
- L'emploi de *würde* pour anticiper
- L'emploi de *lassen*

→ **à connaître les pays germanophones :**
- une amitié célèbre : Voltaire et Frédéric II

KAPITEL 6
Was bedeutet „Freunde haben"?

KAPITEL 6
FREUNDSCHAFT VERPFLICHTET!

1. Freundschaft in Bildern

„Welches Foto passt am besten zur Definition der Freundschaft?"

 ❶
 ❷
 ❸
 ❹

a. Diese Frage wurde europäischen Schülern gestellt. Kommentiere die Ergebnisse!

Du: Viele deutsche Schüler haben das erste Foto gewählt.
Einige deutsche Schüler haben das zweite Foto gewählt.
Nur wenige deutsche Schüler haben das dritte Foto gewählt.

GA ←

 Foto ❶
 Foto ❷
 Foto ❸
 Foto ❹

b. Und du, was hättest du geantwortet? Warum?

Du: Ich hätte das Foto Nummer... gewählt.
Für mich ist ein Freund jemand, der...

> sich über jdn nicht lustig machen
> sich für jdn interessieren
> an jdn denken, auf jdn warten
> sich um jdn kümmern

GB ←

2. Freundschaft in Wörtern

Auf folgende Fragen haben europäische Schüler mit „ja" oder „nein" geantwortet.

a. Hier sind Benjamins Antworten. Lies sie vor!

Du: Benjamin würde seinem besten Freund keine bösen Streiche spielen.

Fragen	ja	nein
1. Würdest du deinem besten Freund böse Streiche spielen?		X
2. Würdest du ihm unangenehme Fragen stellen?		X
3. Würdest du ihm kleine Fehler verzeihen?	X (alle!)	
4. Würdest du mit ihm über persönliche Probleme sprechen?	X (über alle!)	
5. Würdest du ihm in schwierigen Situationen helfen?	X (in allen!)	

GC ←

b. Und du? Wie würdest du auf diese persönlichen Fragen antworten?

Partner A: Würdest du deinem besten Freund böse Streiche spielen?
Partner B: Nein, meinem besten Freund würde ich keine bösen Streiche spielen.

TEIL 1

3. Souvenirs

 a. Hör zu! Claudia, Clémentine und Antje lassen auf sich warten. Warum?

 HÖR UND WIEDERHOLE!
le tableau das Gemälde (-)
traduire übersetzen
instructif lehrreich

Heute macht die Gruppe einen Ausflug nach Hechingen, zum Schloss Hohenzollern.

Florian: Worauf warten wir jetzt noch? Bist du endlich die Letzte?
Antje: Nein. Weißt du, ich war im Souvenirladen, dort sind ja viele interessante Broschüren mit einigen historischen Informationen über Friedrich II. und die Familie Hohenzollern. Leider haben sie wenige akzeptable Reproduktionen von schönen Gemälden.
Florian: Ach so!? Das ist ja hochinteressant!... Sag mal, Claudia und Clémentine fehlen ja noch. Was machen sie denn so lange?
Antje: Sie sind noch im Schloss. Du weißt doch, dass Clémentine nicht alles versteht. Claudia bleibt bei ihr, um ihr das Wichtigste zu erklären.
Florian: So ein Quatsch! An allen historischen Gemälden und Karten steht doch der Titel auf Französisch.
Antje: Na ja, sie erklärt ihr auch, was uns bei der Führung erzählt wurde.
Florian: Die hat aber Geduld! Weißt du was, Antje, hier hast du 20 DM. Kaufe Clémentine eine von diesen so lehrreichen Broschüren. Die kann sie ja zu Hause lesen. Ich habe jedenfalls Durst und möchte nicht länger warten.

b. Was meinst du? Wer ist Clémentines bester Freund in der Gruppe?

Merk dir das!

4. Ja, natürlich

 Florian hat es satt und antwortet mit „ja" auf alle Fragen von Claudia. Du bist Florian. Hör zu und reagiere!

Claudia: Ach, Florian, wie schön! Hast du extra auf uns gewartet?
Florian: Ja, natürlich habe ich extra auf euch gewartet.

GD ←

5. Die schönsten Geschenke

 Florian wundert sich über Claudias Einkäufe. Du bist Claudia. Hör zu und reagiere!

Florian: Ach, Claudia, du hast aber schöne Postkarten gefunden!
Claudia: Ja, und die schönste ist für meine beste Freundin.

GE

KAPITEL 6

6. Ein Freund, ein guter Freund

Lies mal! Welche Definition der Freundschaft entspricht diesen Texten?

Regine

Ich habe Karin bei einem Skikurs kennen gelernt. Sie hatte damals ihre Clique¹, ich hatte meine. Gleich am ersten Tag habe ich mir ein Bein gebrochen². Das war schlimm für mich, ich musste einen Monat zu Hause liegen. Karin ist die einzige³ aus der Klasse, die mich jeden Tag besucht hat. Als es mir besser ging, konnte ich mir nicht vorstellen, wieder Ski oder Rad fahren zu können. Jeden Tag hat sie mich nach Hause begleitet. Sie hatte viel Geduld mit mir. Schon nach einigen Wochen habe ich versucht, Rad zu fahren. Jetzt klappt das wieder. Ohne Karin hätte ich bestimmt aufgegeben.

1. (e) Clique: *la bande de copains* - 2. sich ein Bein brechen: *se casser la jambe* - 3. die einzige: *la seule*

Herbert

Eigentlich habe ich keine Freunde. Ich verstehe mich zwar gut¹ mit den Leuten aus meiner Klasse, aber ich treffe sie nicht nach der Schule. Ich habe mit ihnen wenig gemeinsam. Ohne ihre Clique könnten sie sich bestimmt nicht beschäftigen². Sie verbringen ihre Freizeit³ zusammen, fahren Inliner, gehen oft auf Parties oder in die Disco. Daran habe ich kein Interesse. Ich bleibe lieber allein zu Hause, lese oder bastle.

1. sich mit jdm gut verstehen: *bien s'entendre avec qn* - 2. sich beschäftigen: *s'occuper* - 3. die Freizeit verbringen: *passer ses loisirs*

Stefan

Ich könnte mir nicht vorstellen, ohne Freunde zu leben. Wir treffen uns am Nachmittag auf dem Dorfplatz. Wir lachen, erzählen uns Witze¹. Wir haben großen Spaß. Wir sind eine richtige Clique. Aber manchmal haben wir auch Streit. Dann streitet sich² der mit dem und dieser mit jenem. Aber am Schluss versöhnen³ wir uns alle wieder.

1. (r) Witz (e): *la blague* - 2. sich mit jdm streiten: *se disputer avec qn* - 3. sich versöhnen: *se réconcilier*

Doris

Meine beste Freundin wohnt in derselben Straße wie ich. Wir sind total verschieden. Ich bin sehr schüchtern¹, und sie ist sehr offen und spontan. Wir haben uns trotzdem befreundet². „Gegensätze ziehen sich an³", sagt man. Es ist schön, mit ihr durch die Stadt zu bummeln⁴. Wir haben lange Gespräche. Wenn ich ein Problem habe, bespreche ich es lieber mit ihr als mit meinen Geschwistern. Wir können über alles reden. Von ihr kann ich jede Kritik akzeptieren: Ich weiß, dass ich mich auf sie verlassen kann. Ich erzähle ihr meine Geheimnisse⁵ und ich bin sicher, dass sie es niemandem weiter erzählt.

1. schüchtern: *timide* - 2. sich mit jdm befreunden: *se lier d'amitié avec qn* - 3. Gegensätze ziehen sich an: *les contraires s'attirent* - 4. bummeln: *flâner* - 5. (s) Geheimnis (se): *le secret*

UNTER UNS GESAGT...
Mit wem würdest du dich befreunden? Mit Claudia? Mit Florian? Mit Stefan? Oder mit wem sonst?

NUN BIST DU DRAN
Ein Junge schreibt der Redaktion einer Zeitschrift, dass er keine Freunde hat und dass es für ihn ein Problem ist. Antworte ihm und gib ihm ein paar Tipps, wie man sich mit anderen Jugendlichen befreunden kann.

TEIL 2

ZWEI BERÜHMTE FREUNDE

1. Ein Philosoph verlässt seine Heimat

a. Beschreibe das Bild! Wohin geht die Reise?

b. Lies mal! Warum verließ Voltaire Frankreich?

VOLTAIRE (1674-1778)

Voltaire schrieb viele philosophische und historische Werke, aber auch Gedichte, philosophische Märchen wie *Candide* und Dramen. Er kämpfte für Freiheit, Toleranz und Gerechtigkeit[1]. Der Ton war ironisch und frech: Das ärgerte die Mächtigen[2] seiner Zeit, und Voltaire hatte nicht nur Freunde. Er war nämlich ein großer Feind[3] der Kirche und des Hofes in Versailles und er denunzierte den religiösen Fanatismus und den Absolutismus der Monarchie. Dafür musste er einmal ein ganzes Jahr im Gefängnis „La Bastille" sitzen. Oft musste er aus Paris fliehen, um seine Probleme mit dem französischen König Ludwig XV. und mit dem Hof zu vergessen.

So fuhr er 1750 nach Potsdam, wo der preußische König Friedrich II. ihn in sein Schloss Sanssouci eingeladen hatte. Seit 10 Jahren hatten beide großen Männer einen regelmäßigen Briefwechsel in französischer Sprache. Friedrich schickte Voltaire philosophische Texte und auch Gedichte, die sein Freund dann korrigierte.
Am Hof in Sanssouci wurden viele philosophische Gespräche geführt. Aber nach zwei Jahren stritten sich die zwei Großen. Voltaire verließ Preußen und kam nach Frankreich zurück.
Erst später versöhnten sie sich und sie führten ihren Briefwechsel weiter.

1. die Gerechtigkeit: *la justice* - 2. die Mächtigen: *les puissants* - 3. der Feind: *l'ennemi* - 4. der Briefwechsel: *la correspondance épistolaire*

c. Was dachte Voltaire, als er Frankreich verließ?

Du: Er dachte, er würde in Sanssouci viele Deutsche kennen lernen.

sich mit jdm gut verstehen
Freunde gewinnen
sich mit jdm unterhalten
Gedanken austauschen
freier schreiben können

denken (dachte)
meinen, hoffen
sich vorstellen

GF

KAPITEL 6

2. Wer war Friedrich II.?

 a. Der junge Friedrich war ein fleißiger Schüler. War sein Vater einverstanden?

Nicht nur als König war Friedrichs Vater Despot, sondern auch als Vater. Der Soldatenkönig wollte seinen Sohn militärisch erziehen. Der kleine Friedrich musste schon als zehnjähriges Kind eine Uniform tragen.
Seine Mutter, Königin Dorothea, begeisterte ihn für Musik und Sprachen, und das ärgerte den Vater.
Einmal überraschte der Vater Friedrich mit einem Lehrer beim Lateinlernen.
„Was machst du da?" fragte er.
„Ich dekliniere mit meinem Lehrer."
„Was machst du da?" wiederholte der Vater außer sich.
„Ich dekliniere", antwortete Friedrich ganz naiv.
Voller Wut packte der König den Lehrer und schrie:
„Hier wird kein Latein gelernt! Jetzt wird sofort auf den Exerzierplatz gegangen und geübt!" Und mit einem Fußtritt warf er den Lehrer aus dem Zimmer. Er holte dann den kleinen Friedrich, der sich unter dem Tisch versteckt hatte, und er prügelte ihn.

 HÖR UND WIEDERHOLE!

éduquer qn jdn erziehen
passionner qn pour qch. jdn für etwas begeistern
surprendre qn jdn überraschen
la rage die Wut
le coup de pied der Fußtritt (e)
frapper qn jdn prügeln

Merk dir das!

 b. Friedrich war als König nicht wie die anderen. Was verstehen seine Diener nicht?

HÖR UND WIEDERHOLE!

le serviteur der Diener (-)
le prince der Fürst (en, en)
l'État der Staat (en)
n'avoir aucune idée keine Ahnung haben

c. Der König macht nicht, er verlangt und lässt machen.

Du: Der Despot holt nicht, was er braucht: Er lässt es bringen.

GG

TEIL 2

3. Ein Abend am Hof

Für Voltaire gab Friedrich II. schöne Feste, die viel Geld kosteten. Beschreibe das Bild und erzähle, was an solchen Abenden gemacht wurde!

Du: Am Hof wurde musiziert.

Das Flötenkonzert in Sanssouci
Adolf von Menzel (1815-1905)

Einladung zum Abendessen

* Friedrich sprach lieber Französisch als Deutsch.

4. Das Ende einer Freundschaft

 Aus welchem Grund verlässt Voltaire Sanssouci?

HÖR UND WIEDERHOLE!

la raison der Grund (¨e)   vénérer verehren
ne pas mâcher ses mots
             kein Blatt vor den Mund nehmen
mot pour mot wortwörtlich
pardonner qc. à qn jdm etwas verzeihen

UNTER UNS GESAGT...

Friedrich II. und Voltaire waren Freunde.
Was hatten sie gemeinsam?

"Dieu de tous les êtres, de tous les mondes et de tous les temps [...], fais que les petites différences entre nos vêtements, entre nos langages, entre tous nos usages, entre toutes nos lois, entre toutes nos opinions; que toutes ces petites nuances qui distinguent les hommes, ne soient pas des signes de haine."

Voltaire

„Alle Religionen sind gleich und gut, wenn nur die Leute, die sie professieren, ehrliche Leute sind. Wenn Türken und Heiden kommen und das Land bevölkern, dann wollen wir für sie Moscheen und Kirchen bauen."

Friedrich II.

NUN BIST DU DRAN

Was ist ein Freund für dich? Warum geht manchmal eine Freundschaft zu Ende? Ist es möglich, sich später zu versöhnen? Erzähle aus deinem Leben!

KAPITEL 6
GRAMMATIK IST TRUMPF

A. Quantité partielle — *Révisions*

Un groupe nominal **sans déterminant** est **indéfini** :
- Ø *Schüler* = des élèves
- Ø *Postkarten* = des cartes postales

et peut comporter un **quantificateur** exprimant une **quantité indéfinie** :
- **wenige** *Broschüren* = peu de brochures   +
- **einige** *Postkarten* = quelques cartes postales   ++
- **viele** *Schüler* = de nombreux élèves   +++

En l'absence de déterminant, **le quantificateur et l'adjectif portent tous les deux la même marque distinctive** (de cas et de nombre) :
- *Es gab nur wenige interessante Broschüren.*
- *Ich habe einige tolle Postkarten gekauft.*
- *Viele deutsche Schüler haben mit „ja" geantwortet.*

❶ Quantités variables. Réponds aux questions en choisissant le bon quantificateur.

1. Leben in deiner Stadt ausländische Familien? (++)
2. Bist du schon in fremden Ländern gewesen? (+)
3. Hast du dieses Jahr gute Noten bekommen? (++)
4. Sind in diesem Museum interessante Broschüren? (+++)

> Hast du schöne Postkarten gefunden? (+++)
> **-> Ja, ich habe viele schöne Postkarten gefunden.**

B. Les verbes à complément d'objet prépositionnel

(voir précis gram., p. 145) — *Révisions*

Certains verbes ont un **complément d'objet introduit par une préposition** :

an jdn/etwas denken	= penser à qn/qch.
sich an jdn/etwas erinnern	= se souvenir de qn/qch.
auf jdn/etwas warten	= attendre qn/qch
sich über jdn/etwas lustig machen	= se moquer de qn/qch.
sich über etwas wundern	= s'étonner de qch.
mit jdm sprechen	= parler à / avoir une conversation avec qn
mit jdm telefonieren	= avoir une conversation téléphonique avec qn
von jdm/etwas sprechen } *von jdm/etwas erzählen*	= parler de qn/qch.
sich um jdn/etwas kümmern	= s'occuper de qn/qch.
sich für jdn/etwas interessieren	= s'intéresser à qn/qch.

Ces verbes doivent être **appris avec la préposition** qui précède leur objet !

❷ Chacun a ses qualités et ses défauts. Forme des énoncés avec les éléments donnés.

1. sich interessieren *(Claudia - klassische Musik)*
2. sich lustig machen *(Florian - seine Freunde)*
3. denken *(Claudia - die anderen)*
4. sich kümmern *(Claudia - die Neue)*
5. erzählen *(Florian - seine Streiche)*
6. sich wundern *(die Leute – jedes neue Gerät)*
7. deutsch sprechen *(ich – mein deutscher Freund)*
8. sich erinnern *(wir – unser erster Deutschlehrer)*

C. Quantité totale – quantité zéro

Le déterminant *all-* indique que **toutes les unités** d'un ensemble sont concernées :
  alle Schüler
Le déterminant *kein-* indique qu'**aucune des unités** d'un ensemble n'est concernée :
  kein Problem – **keine** Probleme
all- et *kein-* étant des **déterminants**, ils portent la marque distinctive et **l'adjectif qui les suit reçoit, au pluriel, la marque *-en*** :
  All**e** deutsch**en** Schüler haben mitgemacht.
  Ich will meinen Freunden kein**e** bös**en** Streiche spielen.

③ Tout ou rien ! Réponds aux questions à l'aide des indications données.

1. Hat Clémentine interessante Broschüren gefunden? (-)
2. Waren im Souvenirladen auch ausländische Touristen? (-)
3. Kann Claudia auf komische Fragen antworten? (-)
4. Sind historische Städte romantisch ? (+)
5. Langweilen sich kleine Kinder im Museum ? (+)

Haben auch italienische Schüler mitgemacht? (+)
→ **Ja, alle italienischen Schüler haben mitgemacht.**

D. Les pronoms à l'accusatif et au datif

(voir aussi le précis grammatical, p. 143) *Révisions*

1. Les **pronoms personnels** ont presque tous des **formes distinctes à l'accusatif et au datif** :

SG.	NOM.	ACC.	DAT.	PL.	NOM.	ACC.	DAT.
	ich	mich	mir		wir	uns	uns
	du	dich	dir		ihr	euch	euch
	er, sie, es	ihn, sie, es	ihm, ihr, ihm		sie	sie	ihnen

→ Seuls les pronoms de 1ᵉ et 2ᵉ personne du pluriel sont identiques à l'accusatif et au datif.

2. Le **pronom réfléchi** est identique au pronom personnel, sauf **à la 3ᵉ personne** :

SG.	ACC.	DAT.	PL.	ACC.	DAT.
	sich	sich		sich	sich

Ich ruhe **mich** aus.   Ich kaufe **mir** eine CD.
Die Touristen ruhen **sich** aus.   Thomas kauft **sich** ein Buch.

④ Moi, moi... Complète par le pronom de 1ʳᵉ personne à la forme voulue.

1. Torsten hat m...... einen Streich gespielt. – 2. Er hat .... angerufen. – 3. Er hat .... eine komische Geschichte erzählt. – 4. Er hat .... ins Café eingeladen. – 5. Er hatte .... aber eine falsche Adresse gegeben: Das Café war eigentlich ein Tierheim. – 6. Die Leute haben .... gegrüßt und sie haben .... gleich einen hübschen kleinen Hamster gegeben.

⑤ C'est arrivé aux autres... Lis les énoncés en insérant le pronom réfléchi qui convient.

1. Klaus und Anna haben .... Ferien am Meer geleistet.
2. Meine Freundin und ich, wir haben .... in den Ferien kennen gelernt.
3. Mensch, du siehst aber aus! Hast du .... heute gekämmt?!
4. Der kleine Bert hat .... gestern entschuldigt.
5. Ich will .... neue Schuhe kaufen.

KAPITEL 6

E. Le superlatif

Pour exprimer **le degré le plus élevé** d'une qualité, on emploie un adjectif au superlatif.
- Le superlatif se forme par l'ajout de la marque **-st** sur l'adjectif :
  *Der **schnellste** Zug in Deutschland ist der ICE.*
- De nombreux adjectifs qui n'ont qu'**une syllabe** subissent **l'inflexion de leur voyelle** :
  *das **älteste** Buch*
- L'adjectif au superlatif est épithète : il porte donc une marque.
  das schönste Märchen – mein schönstes Buch
→ Attention aux **formes irrégulières** :
  gut → best- → mein bester Freund, meine beste Freundin
  viel → meist- → das meiste Geld

6 *Degré extrême... Réponds positivement aux questions.*

1. War der Musiker gut? – 2. War die Akustik gut? – 3. War das Programm interessant? – 4. War der Abend angenehm? – 5. Waren die Karten billig?

> Was das Kind begabt?
> → **Ja, es war das begabteste Kind!**

F. L'emploi de *würde* pour anticiper

Dans un récit au passé, **pour indiquer qu'une action est envisagée plus tard**, on emploie la forme *würde* + infinitif :
  *Voltaire dachte, er **würde** in Sanssouci Freunde **gewinnen**.*

7 *Ils ont imaginé... à tort. Indique ce qu'ont envisagé ces personnes.*

1. Frau Binder – *ihrem Sohn helfen*
2. der Philosoph – *viele Leute kennen lernen*
3. die Schüler – *am Montag keine Klassenarbeit schreiben*
4. die Musiker – *Jeanshosen und Turnschuhe anziehen können*
5. das Publikum – *mit den jungen Musikern sprechen*

> die Touristen – *sich ausruhen*
> → **Die Touristen dachten, sie würden sich ausruhen.**

G. L'emploi de *lassen*

Pour indiquer qu'**une personne ne fait pas l'action elle-même, mais la fait faire** par un tiers, on emploie **l'auxiliaire *lassen***, accompagné de l'infinitif du verbe qui exprime l'action dont il s'agit :
  *Der Lehrer liest nicht selbst vor, er **lässt** einen Schüler **vorlesen**.*
  *Der Chef fährt nicht selbst, er **lässt** sich nach Hause **fahren**.*

8 *Des paresseux! Indique la suite en utilisant le verbe lassen.*

1. Herr Schwacher trägt den Koffer nicht selbst. – 2. Frau Heiser ruft das Taxi nicht selbst an. – 3. Herr Bastler repariert sein Auto nicht selbst. – 4. Binders renovieren die Wohnung nicht selbst. – 5. Jan informiert seine Eltern nicht selbst.

> Der Chef schreibt den Brief nicht selbst.
> → **Er lässt ihn schreiben.**

VARIATIONEN

Zum Hören

 Werden Ali und Andreas weiter zusammen spielen?

HÖR UND WIEDERHOLE!

le couple das Paar (e)
le rêve der Traum (¨e)
l'équipe die Mannschaft (en)
l'équipe de Dortmund Borussia Dortmund
le Turc der Türke (n, n)
promettre versprechen (i, a, o)

Zum Schreiben

- Du hast einen deutschen Briefpartner.
Habt ihr viel gemeinsam? Verstehst du dich mit ihm gut oder nicht? Warum?

- Du hast keinen Briefpartner.
Mach das Portrait von einem idealen Briefpartner.

KAPITEL 6

Zum Lesen

Was erlebt Rudi auf dem Weg zum Großvater? Und danach?

Das Pferd Lotte

Rudi, ein kleiner Junge, lebt auf einem Bauernhof[1]. Sein Vater will Rudis Lieblingspferd, Lotte, einschläfern[2] lassen. Um das Pferd zu retten, beschließt Rudi, zu seinem Großvater zu fliehen, aber der Weg ist lang und das alte Pferd ist müde.

Am nächsten Morgen war Lotte, Rudis liebes Pferd, tot. Rudi glaubte zuerst, dass Lotte nur müde war oder noch, dass sie keine Lust hatte weiterzulaufen. Als das Pferd nicht aufstand, sagte er: „Komm nun, Lotte, es sind nur noch vier Kilometer, das geht doch wohl noch." – Dann sah Rudi, dass das Pferd tot war; er sah es, aber er wollte es nicht glauben. Und er berührte[2] Lotte mehrmals mit dem Fuß, am Bauch und am Rücken. Er berührte sie aus Liebe, denn er konnte sich wohl nicht vorstellen, dass sie ihn nun allein lassen wollte. Und er hoffte wohl auch, dass Lotte doch noch aufstehen würde. Rudi setzte sich neben sie. Er weinte nicht. Er blieb nur sitzen und wollte nicht mehr weggehen. Und so saß er fast einen ganzen Tag neben dem toten Pferd, ohne zu essen, ohne ein Wort zu sagen.

Er wäre auch die nächste Nacht neben dem toten Pferd geblieben, aber zwei Waldarbeiter fanden ihn und brachten ihn zum Großvater. In den nächsten Tagen bekam Rudi Fieber[3], und der Großvater schrieb an die Eltern und erzählte, was passiert war. Und als es Rudi wieder besser ging, stand eines Abends sein Vater neben ihm. Er wollte ihn abholen. Aber Rudi wollte nicht mit seinem Vater zurückfahren. „Du kannst allein fahren," sagte er, „ich komme nicht zurück. Jetzt ist Lotte weg und ich weiß nicht, wie ich zu Hause ohne Lotte leben könnte."

„Und wenn Lotte da wäre?", fragte sein Vater, „würdest du dann mitkommen?"

„Lotte ist tot", sagte Rudi.

„Sie ist nicht tot", sagte sein Vater. „Sie steht zu Hause im Stall[4] und wartet auf dich."

„Lotte?"

„Ja, Lotte," sagte der Vater, „du kannst es sehen. Dein Pferd ist nur etwas jünger geworden."

„Das glaube ich nicht," sagte Rudi.

nach Siegfried Lenz, Lotte soll nicht sterben

1. (r) Bauernhof: *la ferme* - 2. ein|schläfern: *faire piquer* - 3. etwas berühren: *toucher qc.* - 4. (s) Fieber: *la fièvre* - 5. (r) Stall: *l'écurie.*

Lauter Laute!

A. Aussprache

[oː]	[ɔ]	[n̩]	[ɐ]
Hof	Schloss	Fragen stellen	Vater
Ton	Volk	Karten spielen	Diener
Despot	oft	Preußen	Fehler
groß	wollen	erzählen	später

B. Betonung

Für °mich ist ein Freund °jemand, der mich °gut versteht und auf den ich mich ver°lassen kann. Es ist auch °jemand, der °da ist, wenn ich Pro°bleme habe.

Du und ich

Du bist anders als ich,
   ich bin anders als du.
gehen wir auf-
   einander zu,
schauen uns an,
   erzählen uns dann,

was du gut kannst,
   was ich nicht kann,
was ich so treibe,
   was du so machst,
worüber du weinst,
   worüber du lachst (...)

Und plötzlich erkennen wir
   - waren wir blind?-,
dass wir innen uns
   äußerst ähnlich sind.

Karlhans Frank

Wortschatz

- jdn kennen lernen
- sich für jdn interessieren
- jdn mögen
- sich mit jdm befreunden
- sich mit jdm gut verstehen (a, a)
- dicke Freunde sein

▶

- sich nicht mehr vertragen (ä, u, a)
- sich streiten (i, i)
- den Kontakt ab|brechen (i, a, o)

▶

- sich wieder vertragen (ä, u, a)
- sich versöhnen

Wortfamilien

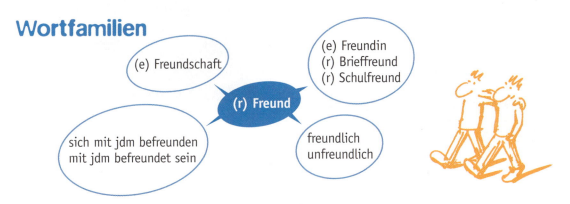

- (e) Freundschaft
- (e) Freundin
- (r) Brieffreund
- (r) Schulfreund
- (r) Freund
- sich mit jdm befreunden
- mit jdm befreundet sein
- freundlich
- unfreundlich

KAPITEL 6

Schreib auch du ein Gedicht über die Freundschaft!
Du kannst wie Christine Nöstlinger an deinen besten Freund / deine beste Freundin schreiben, oder du kannst schreiben, was für dich " Freundschaft " bedeutet.

Von mir aus

Ich habe zwei Kieselsteine gefunden,
die waren so grau wie deine Augen.

Ich habe meine Hand in ein Wasser gehalten,
das war so weich wie deine Haut.

Mir hat ein Wind ins Gesicht geweht,
der war so warm wie dein Atem.

Ich habe mir ein kleines Feuer angezündet,
das war so rot wie deine Haare.

Ich habe einen glänzenden Käfer gefangen,
der war so schwarz wie deine Seele.

Jetzt brauchst du nicht mehr bleiben,
Jetzt kannst du gehn.

Christine Nöstlinger

Freundschaft

Freundschaft ist
Geben und Nehmen.
Freundschaft ist
Lachen und Weinen.
Freundschaft ist
Kämpfen und Einsehen.
Freundschaft ist
Trösten und Verstehen.
Freundschaft ist
Lieben und Ehren.
Und du – nur Du –
gibst sie mir!

Gute Nacht, Freunde

Gute Nacht, Freunde,
es wird Zeit für mich zu geh'n.
Was ich noch zu sagen hätte,
dauert eine Zigarette
und ein letztes Glas im Steh'n.

Für den Tag, für die Nacht
unter eurem Dach, habt Dank
für den Platz an eurem Tisch,
für jedes Glas, das ich trank,
für den Teller, den ihr mir
zu den euren stellt,
als sei selbstverständlicher
nichts auf der Welt.

Habt Dank für die Zeit,
die ich mit euch verplaudert hab'
und für eure Geduld,
wenn's mehr als eine Meinung gab.
Dafür, dass ihr nie fragt,
wann ich komm' oder geh',
für die stets offene Tür,
in der ich jetzt steh'.

Für die Freiheit, die als steter Gast
bei euch wohnt.
Habt Dank, dass ihr nie fragt,
was es bringt, ob es lohnt.
Vielleicht liegt es daran,
dass man von draußen meint,
dass in euren Fenstern
das Licht wärmer scheint.

Reinhard Mey

Dans ce chapitre, tu vas apprendre

→ **à comprendre et t'exprimer :**
- décrire les règles d'un jeu
- désigner une personne en la définissant
- demander des précisions sur une information
- qualifier une action
- exprimer un déplacement orienté

→ **comment fonctionne la langue :**
Teil 1
- Interroger sur des choses
- Interroger sur une catégorie
- La proposition subordonnée introduite par *wer*
- Le complément de lieu
- L'expression de la manière
Teil 2
- Interroger sur des personnes

→ **à connaître les pays germanophones :**
- jeux de société et espaces de jeu

KAPITEL 7

Spielen: eine ernste Sache?

KAPITEL 7
GESELLSCHAFTSSPIELE

1. Wie bitte?

 Florian will erklären, was morgen auf dem Programm steht. Hör gut zu! Wenn du etwas nicht verstehst, stell ihm eine Frage!

Was können wir morgen Abend machen? Einige von euch haben Lust zu …

Hatschi!

Ich habe nicht verstanden. Wozu haben sie Lust?

GA

2. Spielabend

 a. Hör zu! Wer möchte was spielen? Warum?

HÖR UND WIEDERHOLE!

le jeu de hasard das Glücksspiel (e)
à peine kaum   tricher schummeln
une autre conception eine andere Vorstellung
une chose sérieuse eine ernste Sache

Claudia: Schaut mal, da sind mehrere klassische Spiele: Mensch ärgere dich nicht, Kartenspiele, Monopoly, Scrabble, usw… Wofür interessiert ihr euch denn? Wozu hättet ihr Lust?

Florian: Ich möchte die Siedler von Catan spielen. Wer würde gern mitspielen? Du, Antje?

Antje: Nein, ich möchte lieber Schach spielen.

Florian: Da können doch nur zwei mitspielen. Mach doch mit uns mit: Das ist auch ein Spiel für kluge Köpfe wie dich. In den Spielregeln habe ich nämlich gelesen, dass man dabei nachdenken und auch gut beobachten muss. Das ist also kein blödes Glücksspiel!

Antje: Na ja! Wenn du meinst, dann probiere ich es.

Florian: Ok. Wer noch? Wir brauchen 4 bis 6 Spieler. Du, Claudia?

Claudia: Ich habe keine Lust! Frag doch Francesco!

Florian: Aber ich kenne ihn kaum und er versteht doch nichts.

Claudia: Beim Spielen lernt man Leute kennen.

Florian: Ach, komm Claudia, spiel doch mal mit!

Claudia: Nein, mit dir spiele ich sowieso nicht mehr. Du schummelst nur.

Florian: Fräulein Claudia versteht keinen Spaß und ist eine schlechte Verliererin. Daran kann ich mich auch sehr gut erinnern.

Claudia: Wie bitte, woran erinnerst du dich? Du hast einfach eine ganz andere Vorstellung von Spaß als ich. Für mich ist Spielen eine ernste Sache.

b. Was meinst du? Welche Vorstellung vom Spielen hat Florian? Und Claudia?

Merk dir das!

3. Wie bitte?

**Du kannst nicht alles hören, was Claudia sagt.
Hör zu und stell Fragen!**

Claudia: So, wir wollen einen ▒▒▒▒▒ abend organisieren.
Du: Wie bitte? Was für einen Abend wollt ihr organisieren?
Claudia: Einen Spielabend!

GB ←

4. Spielen muss man können!

Florian erklärt Francesco einige Spielregeln.

Du: Wer Mikado spielen will, der braucht eine ruhige Hand.
Wer kegeln will, muss gut zielen können.

> Geduld ⎫
> Ausdauer ⎬ haben
> Fantasie ⎪
> ein gutes Gedächtnis ⎭
> geschickt sein
> eine ruhige Hand ⎫ haben
> gute Nerven ⎭

Trivial pursuit

Schach

Mikado

Scrabble

Memory

Kegel (kegeln)

Pictionary

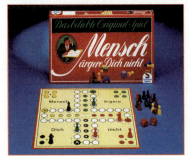
Mensch ärgere dich nicht

Gameboy

GC ←

KAPITEL 7

5. So wird gespielt

würfeln: *lancer le dé*
einmal aus|setzen: *passer son tour*
zwei Felder zurück|gehen: *reculer de deux cases*
ein Feld vor|rücken: *avancer d'une case*

a. Was passiert, wenn ein Spieler auf diese Felder kommt?

Du: Wenn man durch den Park geht, dann muss man einmal aussetzen.

gD ←

b. Wann gewinnt man... beim Memory? Beim Kartenspielen? Beim Monopoly? Beim Quartett?...

Lehrer: Wann gewinnt man beim Memory?
Du: Wenn man am Ende die meisten Kartenpaare hat, dann hat man gewonnen.

das meiste Geld — am schnellsten
die meisten Punkte — am besten

gE ←

UNTER UNS GESAGT...
Spielst du gern? Wenn ja, was für Spiele? Warum? Wenn nein, warum?

NUN BIST DU DRAN

Ein deutscher Freund oder eine deutsche Freundin möchte mit dir dein Lieblingsspiel spielen. Du stellst es ihm oder ihr vor:
- Für wie viele Spieler ist es gedacht?
- Was für ein Spiel ist es?
- Was muss man können?
- Erkläre die Regeln!

TEIL 2

SPIELEN DARF MAN DOCH!

1. Vorsicht!

Schau dir das Bild an und antworte auf die Fragen deines Lehrers oder deiner Lehrerin!

Lehrer/in: Auf wen müssen die Fußballspieler aufpassen?
Du: Die Fußballspieler müssen auf die Autofahrer aufpassen.
Lehrer/in: Worauf müssen sie aufpassen?
Du: ...

2. Spielverbot

 Hör zu! Warum dürfen die Kinder nicht spielen?

Felix Kutsch und Frau Kutsch

Dirk und Torsten Hahn, Herr Hahn

Christoph Schlor und Herr Schlor

Philipp Janig und Frau Janig

Anja Fleck und Frau Fleck

KAPITEL 7

3. Kein Platz zum Spielen

 Ist es für diese Kinder leicht, einen Spielplatz zu finden? Warum?

Die Szene spielt in den zwanziger Jahren in Berlin. Eine Gruppe von Jungen hat sich zusammengetan und hat gespart, um einen Fußball zu kaufen.

Auf der Straße waren die Jungen etwas perplex. Das war also gar nicht so einfach mit dem Fußball.

5 „Was nun? Auf der Straße können wir nicht spielen, da sind die Autos. Im Hof dürfen wir nicht spielen, wir haben schon mal die Scheiben vom Hausmeister[1] kaputt gemacht. Wo sollen wir denn spielen?"

„Ich hab's ja gleich gesagt", erklärte der lange Heiner, „dazu braucht man einen Sportplatz und muss in einem Sportverein[2] organisiert sein."

10 Erwin schlug vor, auf den Spielplatz der Nachbarclique zu gehen. Natürlich! Daran hatten sie noch gar nicht gedacht. Sie gingen gleich los. Aber hier blieben sie enttäuscht stehen. Um den Bauplatz war jetzt ein Zaun und daran stand: „Das Betreten des Baugeländes ist verboten."

Da wussten die Jungen wirklich nicht, was sie sagen sollten. „ Es muss ja noch andere
15 Bauplätze geben", sagte Erwin entschlossen. So schnell wollte er nicht aufgeben.
Die anderen Jungen hatten schon weniger Hoffnung.

„Ach was, überall sind Bauplätze, nur sie sind für Kinder verboten." Sie suchten überall. Kein Spielplatz fand sich. Endlich sahen sie an einer Straßenecke[3] einen freien Platz. Die Fußballmannschaft begann ein neues Spiel. Da kam aber die Clique aus dem
20 dortigen Häuserviertel. „Ihr habt hier nichts zu suchen. Fort mit euch!" brüllten[4] sie. Erwin bat um Frieden und versuchte, mit der fremden Clique zu verhandeln. Aber sie wurden weggejagt.

frei nach Lisa Tetzner, *Der Fußball*

1. (r) Hausmeister: *le concierge* - 2. (r) Sportverein: *le club sportif* - 3. (e) Ecke (n): *le coin* - 4. brüllen: *hurler*

Merk dir das!

UNTER UNS GESAGT…
Ist es in deiner Stadt leichter, Platz zum Spielen zu finden?

NUN BIST DU DRAN
Zum Geburtstag wünschst du dir ein Computerspiel.
Deine Eltern sind dagegen. Schreibe den Dialog!

GRAMMATIK IST TRUMPF

Révisions

A. Interroger sur des choses

- Lorsque le sujet ou complément d'un verbe désigne une **chose**, pour interroger sur ce sujet ou ce complément, on emploie le mot interrogatif **was**.
  Was ist los?
  Was macht Claudia so lange im Souvenirladen?
- Les verbes tels que *aufpassen* ou *denken* ont un complément introduit par une préposition.
  *Die Kinder müssen **auf** die Autos aufpassen.*
  *Das Kind denkt nur **ans** Spielen.*
  *Florian kümmert sich **um** eine neue Partitur.*

Pour interroger sur ce **complément prépositionnel**, on emploie le mot interrogatif **wo-** auquel on associe la préposition :
  ***Worauf** müssen die Kinder aufpassen?*
  ***Woran** denkt das Kind?*
  ***Worum** kümmert sich Florian?*

➡ Si la préposition commence par une voyelle, on insère un "r" entre *wo* et la préposition : *worauf, woran, worum*.

❶ Les noms de choses sont illisibles… Lis les messages donnés et pose la question te permettant d'avoir l'information manquante.

Ich habe heute lange auf ▭ gewartet.
➡ *Wie bitte? Worauf hast du heute lange gewartet?*

1. Ich möchte meiner Freundin ▭ schreiben.
2. Wenn wir nicht da sind, kümmert sich Frau Sommer um ▭ .
3. Wenn es regnet, wartet Herr Lange nicht gern auf ▭ .
4. Auf der Straße müssen die Kinder auf ▭ aufpassen.
5. Frau Tipp interessiert sich seit vielen Jahren für ▭ .

B. Interroger sur une catégorie

L'expression interrogative **was für ein-** sert à **interroger sur une catégorie** d'objets (plus rarement de personnes) :
  Was für ein Spiel ist es?

➡ La réponse à une telle question se fait le plus souvent par l'ajout d'une détermination au nom :
  *Es ist ein **Gesellschafts**spiel.*
  *Es ist ein Spiel **für kleine Kinder**.*

❷ Quelle sorte? Retrouve les questions qui correspondent aux réponses suivantes.

*Es ist ein **Polizei**wagen.*
➡ *Was für ein Wagen ist es?*

1. Es ist ein **Schokoladen**kuchen.
2. Frank fährt einen **Sport**wagen.
3. Tania besucht eine Schule **für Sport und Körperkultur**.
4. Zu Weihnachten haben wir **Strategie**spiele bekommen.
5. In diesem Viertel leben Leute **mit viel Geld**.

KAPITEL 7

C. La proposition subordonnée introduite par *wer*

La proposition subordonnée introduite par *wer* **désigne une personne et la définit** par son activité ou son état :
> **Wer** mitspielen will, soll es gleich sagen.
> **Wer** krank ist, muss zu Hause bleiben.

Cette proposition est **souvent reprise par *der***, qui est alors suivi immédiatement du verbe conjugué :
> **Wer** am schnellsten ist, **der** gewinnt.

et cette construction se rapproche ainsi de :
> **Wenn** man am schnellsten ist, **dann** gewinnt man.

➡ Cette construction se trouve fréquemment dans des proverbes :
> Wer will, der kann!

③ C'est la règle... Forme des énoncés en t'aidant des éléments donnés.

1. zu lange warten – keine Chance haben
2. die Antwort kennen – sofort anrufen sollen
3. nicht anrufen wollen – eine E-Mail schicken können
4. im Lexikon suchen – die Information finden
5. seine Freunde fragen – nicht immer die richtige Antwort bekommen

die richtige Antwort finden – einen Preis gewinnen
➜ **Wer die richtige Antwort findet, gewinnt einen Preis.**

D. Le complément de lieu — *Révisions*

Les verbes qui expriment un changement de lieu nécessitent la présence d'un **complément** qui indique
– le lieu vers lequel on se dirige
– le lieu traversé
– le lieu franchi.

Selon le type de lieu et la nature du déplacement, on emploiera
– la préposition *in* (+ acc.) pour indiquer le volume dans lequel on **pénètre** :
> Die Touristen steigen in den Bus.
– la préposition *durch* (+ acc.) pour indiquer le volume que l'on **traverse** :
> Der Bus fährt durch den Wald.
– la préposition *über* (+ acc.) pour indiquer la surface que l'on **franchit** :
> Das Kind geht vorsichtig über die Straße.

④ Déplacements imposés... Forme des énoncés en choisissant la préposition qui convient.

1. Feld 6 – Brücke – gehen
2. Feld 13 – Gefängnis – kommen
3. Feld 19 – Park – flanieren
4. Feld 25 – Wald – laufen
5. Feld 32 – Grenze – fahren
6. Feld 45 – Wasser – fallen

Feld 3 – Brunnen – fallen
➜ **Wer auf Feld 3 kommt, fällt in den Brunnen.**

E. L'expression de la manière

- Un **adjectif** peut servir à **qualifier la manière dont se déroule une action**. Il porte alors sur le verbe et est invariable :
  schnell reagieren
  gut spielen
- Lorsque le degré est le plus élevé, on emploie l'adjectif au superlatif dans une tournure figée :
  am ADJECTIF **sten**
  schnell → am schnellsten   Wer reagiert **am schnellsten**?
  gut   → am besten   Wer spielt **am besten**?

5 *Le mieux ou le pire... Réponds positivement aux questions.*

1. Haben deine Partner gut gespielt?
2. Hat dein Opa langsam reagiert?
3. Habt ihr schwer gearbeitet?
4. Habt ihr euch gut verstanden?
5. Bist du schnell geschwommen?

Hat dein Bruder auch laut geschimpft?
→ **Ja, er hat am lautesten geschimpft!**

F. Interroger sur des personnes — *Révisions*

Lorsque le sujet ou le complément d'un verbe désigne une **personne**, pour interroger sur ce sujet ou ce complément, on emploie le mot interrogatif *wer* au cas voulu.
– **Wer** hilft mir?   – Der Lehrer.
– **Wen** hast du gefragt?   – Den Lehrer.
– **Wem** hast du die Geschichte erzählt?   – Meiner besten Freundin.

Lorsqu'il s'agit d'un **complément prépositionnel**, on interroge en utilisant **la préposition suivie de *wen* ou *wem***, selon le cas exigé :
  An wen denkst du jetzt?
  Mit wem bist du verabredet?

→ Ainsi **la forme du mot interrogatif** indiquera toujours s'il s'agit d'une personne ou d'une chose :
– **Was** brauchst du?   – Ein Wörterbuch!
– **Wen** brauchst du?   – Den Lehrer!
– **Woran** denkst du?   – An die Ferien!
– **An wen** denkst du?   – An meine beste Freundin!

6 *Les noms de personnes sont illisibles... Lis les messages et pose la question te permettant d'avoir l'information manquante.*

1. _____ hat mich gestern angerufen.
2. Er hatte schon mit _____ telefoniert.
3. Wir haben am Sonntag sehr lange auf _____ gewartet.
4. Wir wollen morgen _____ zum Geburtstag gratulieren.
5. Ich denke heute noch sehr oft an _____ .

Ich bin mit nicht immer einverstanden.
→ **Wie bitte? Mit wem bist du nicht immer einverstanden?**

KAPITEL 7
VARIATIONEN

Zum Lesen

Wer sind Stefans Spielfreunde?

Freunderfinder

Stefans Vater und seine neue Frau Verena sind vor kurzem in eine andere Stadt gezogen. Sie kommen gerade nach Hause. Aus dem Kinderzimmer hören sie Lärm und die Stimme von Stefan.

Vater Sei mal still! Kommt der Lärm aus dem Kinderzimmer?!
5 *Beide lauschen* hinter der Tür.*
Verena Ja!
Sie reagieren amüsiert auf den unglaublichen Lärm.
Vater Tatsächlich! Stefan hat wohl Freunde mitgebracht.
Verena Das ist ja schön. Früher hat er nicht so schnell Freunde gefunden. Es hat
10   ihm gut getan, dass wir umgezogen sind!
Vater Du, ich bin richtig neugierig: Ich würde Stefans neue Freunde gern kennen lernen. Meinst du, ich soll einfach reingehen?
Verena Na klar, warum nicht? Du kannst ihnen ja ein paar Kekse mitbringen.
Sie holt eine Packung Kekse aus ihrer Einkaufstasche und gibt sie ihm.
15 **Vater** Das mach ich!
Er geht mit den Keksen ab. Man hört ihn rufen.
Vater Hallo, Stefan! Kekse für...

* lauschen : *épier*

Zum Hören

 Warum ist Wolfgang Kramer Spieleautor geworden? Wie arbeitet er?

HÖR UND WIEDERHOLE!

primer prämieren
la foire die Messe (n)
régler (une affaire) erledigen
honnête ehrlich

Der Lärm hört plötzlich auf. Verena lauscht verblüfft. Der Vater kommt wieder herein.

20 **Verena** Na?!
Vater Er war ganz allein in seinem Zimmer!
Verena Allein? Aber er hat doch mit jemand gesprochen!
25 **Vater** Nein.
Verena Aber ich hab' sie doch gehört!
Vater Wen?
Verena Seine Freunde!
Vater Nein, du hast nur ihn gehört.
30 Nur er hat gesprochen.
Verena Mit wem hat er denn gesprochen?
Vater Mit seinen Freunden wahrscheinlich.
Verena Ich denke, er war allein!
35 **Vater** Ja, natürlich.
Verena Und seine Freunde?
Vater Die gibt es gar nicht. Die hat er sich nur vorgestellt. So was!
Verena Ach, ist doch nicht schlimm.
40 Stefan findet bestimmt bald richtige Freunde!
Vater Meinst du?

frei nach Paul Maar, *Kindertheaterstücke*

Zum Schreiben

Ihr wollt mit eurem Deutschlehrer einen Spielnachmittag organisieren. Ihr sollt ihm einen Brief schreiben und erklären, warum Spielen „eine gute Schule" ist.

KAPITEL 7

 ## Lauter Laute!

A. Aussprache

[iː]	[ɪ]	[yː]	[ʏ]
Sp*ie*l	b*i*tten	Sch*ü*ler	Gl*ü*ck
akt*i*v	H*i*lfe	B*ü*cher	zur*ü*ck
Fantas*ie*	*i*mmer	m*ü*de	verr*ü*ckt

B. Betonung

<u>Spiel</u>abend
<u>Spiel</u>regeln
<u>Spiel</u>ecke

Auf der °Straße können sie °nicht spielen, da sind die °Autos. Und zu °Hause °dürfen sie nicht spielen, °da muss Ruhe sein…

Himmelfahrt in Berlin

Die Kinder spielen im Hof so schön
Prinzessin, Mörder und Volkspolizist.
Sie müssen nicht zur Schule gehn,
weil heute Himmelfahrt ist.

Die Kinder spielen so laut und schön,
der Hof wird ein ganzes Theater.
Die dicken Frau'n aus den Fenstern seh'n
und warten auf den Vater.

Wolf Biermann

 ## Wortschatz

verlieren (o, o) schummeln unkonzentriert sein ungeduldig sein etwas vergessen (i, a, e) blöd langsam kompliziert	≠	gewinnen (a, o) die Regeln beachten aufmerksam sein geduldig sein sich etwas merken klug schnell einfach

Wortfamilien

JUNG-
- (e) Jugend
- (e) Jugendherberge
- (r) Jugendliche / ein Jugendlicher
- (r) Junge

SPIEL-
- (e) Spielregel
- (r) Spielplatz
- (e) Spielzeit
- (s) Spielzeug
- (e) Spielsachen
- (r) Spieler
- (r) Fußballspieler
- (r) Klavierspieler
- Karten spielen
- einen Streich spielen
- Fußball spielen
- (s) Fußballspiel
- (s) Kartenspiel
- (s) Gesellschaftsspiel
- (s) Computerspiel
- (s) Glücksspiel

PROJEKT

Eure deutschen Partner sollen eure Gegend kennen lernen. Ihr sollt ein Stadtspiel organisieren.
- Nehmt den Plan von eurer Stadt oder malt selbst einen.
- Beschreibt den Weg zu den verschiedenen Zielen.
- Stellt die Fragen und Aufgaben.
- Erfindet Regeln.

1) Ihr startet an der Schule. Geht vorsichtig über die Straße und fahrt mit dem Bus Nr. 4.

2) - Steigt am Bahnhof aus. Geht in das Bahnhofsgebäude und fragt, wie viel eine Zugkarte nach Paris kostet.

3) - Wenn ihr aus dem Bahnhofsgebäude geht, seht ihr einen Park. Geht durch den Park.

4) - Dann seht ihr schon die Kirche. Geht in die Kirche und findet heraus, wann und von wem sie gebaut wurde.

5) - Sucht den Marktplatz.

6) - Geht durch die Markthalle. Dann notiert, was für Fische hier verkauft werden.

7) - In der Nähe ist der Rathausplatz. Das ist eure letzte Station. Auf dem Platz steht ein Denkmal. Woran erinnert es?

Ziel ist das Rathaus.

Wer mitmacht, muss folgende Regeln beachten:
Wer die richtige Antwort hat, bekommt einen Punkt.
Wer Fehler macht, bekommt nur einen halben Punkt.
Wer am schnellsten am Ziel ist, bekommt einen Pluspunkt.
Wer die meisten Punkte hat, gewinnt einen Preis.
Wenn jemand seine Gruppe verliert, soll er direkt zum Rathaus gehen.
Dort warten die LehrerInnen auf euch.

Viel Spaß!

Dans ce chapitre, tu vas apprendre

→ **à comprendre et à t'exprimer :**
- décrire un paysage
- dénommer des faits
- comparer deux objets

→ **comment fonctionne la langue :**
TEIL 1
- L'expression de la mesure
- L'expression de la totalité
TEIL 2
- L'emploi de *als* pour identifier
- Désigner un fait

→ **à connaître les pays germanophones :**
- le Rhin : réalité ou mythe
- Heinrich Heine

KAPITEL 8

Der Rhein:
Nur eine Grenze?

KAPITEL 8
EIN EUROPÄISCHER FLUSS

1. Von der Quelle bis zur Mündung

a. Beschreibe den Lauf des Rheins und seiner Nebenflüsse!

Du: Der Rhein hat seine Quelle in der Schweiz.
Er fließt durch... und mündet in die Nordsee.

> der Fluss (¨e): *le fleuve*
> die Quelle (n): *la source*
> fließen (o,o): *couler*
> in (+ acc) münden: *se jeter dans*

b. Beschreibe das Foto!

Du: Der Wasserfall ist 15 000 Jahre alt.

RHEINFALL / SCHAFFHAUSEN
DER GRÖSSTE WASSERFALL EUROPAS!

Breite: 150 Meter
Höhe: 23 Meter
Tiefe: 13 Meter
seit 15 000 Jahren
2 Millionen Besucher jedes Jahr

> hoch, breit, tief

TEIL 1

2. Streit vor dem Rheinfall

 a. Hör zu! Die vier Freunde sprechen über den Rhein. Warum streiten sie sich?

 HÖR UND WIEDERHOLE!
s'engager, se fixer comme devoir
sich verpflichten   râler meckern

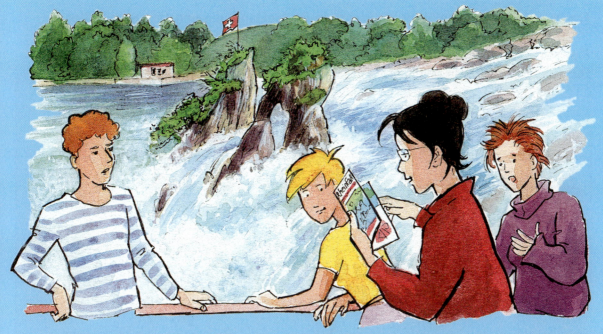

Antje: Hört mal zu! Ich lese aus dem Prospekt vor: „Der Rheinfall in Schaffhausen ist der größte europäische Wasserfall. In 150 Meter Breite und 23 Meter Höhe ergießen sich im Sommer 600 Kubikmeter pro Sekunde..."

Florian: Diese Zahlen sind doch stinklangweilig. Typisch Fremdenführer! Keiner interessiert sich dafür.

Antje: Lass mich doch weiter lesen! „Der Rhein, dieser Schweizer Fluss, entspringt in..."

Florian: Wie bitte?! Vater Rhein, ein Schweizer Fluss? Es ist doch der deutsche Fluss par excellence! Nicht wahr, Clémentine?

Clémentine: Ah non! Der Rhein ist doch französisch. Wir haben sogar zwei Départements, die „Haut-Rhin" und „Bas-Rhin" heißen.

Florian: Und wir haben zwei Bundesländer, die „Rheinland-Pfalz" und „Nordrhein-Westfalen" heißen.

Claudia: Ach, diese ewige deutsch-französische Streiterei... Was sollen denn die Holländer sagen? Das ganze verschmutzte deutsch-französische Rheinwasser fließt dann durch Holland und der ganze Dreck kommt natürlich in die Nordsee.

Antje: Moment, da liegt ihr alle falsch. In meinem Buch steht: „Der Rhein ist das beste Beispiel für eine erfolgreiche europäische Umweltpolitik. Seit 10 Jahren arbeiten die Schweiz, Deutschland, Frankreich und Holland zusammen, um den Rhein sauber zu halten. Alle chemischen Industrien haben sich verpflichtet, nur noch sauberes Wasser in den Fluss zu lassen."

Florian: Hier würde ich trotzdem nicht baden.

Claudia: Hör doch auf zu meckern und komm mit uns ins Café!

b. Was meinst du? Interessiert sich Florian sehr für den Rhein?

KAPITEL 8

3. Rheinstädte

 a. Unsere Freunde organisieren ein Spiel, um Florian zu testen. Er soll jedesmal den Namen einer Rheinstadt finden. Du bist der Moderator. Reagiere auf Florians Antworten!

Frage: Kennst du eine Stadt am Rhein, in Deutschland, die ungefähr eine Million Einwohner zählt, einen sehr wichtigen Hafen hat und...

Florian: Köln! Nicht wahr, Herr Moderator?

Du: Richtig! Diese deutsche Stadt ist nämlich Köln.

4. Rotterdam
- 576 200 Einwohner
- Hafen: 2 727 Millionen Tonnen

3. Köln
- 964 000 Einwohner
- Hafen: 9 Millionen Tonnen

2. Strasbourg
- 256 000 Einwohner
- Hafen: 10,9 Millionen Tonnen

1. Basel
- 175 420 Einwohner
- Hafen: 8/9 Millionen Tonnen

Legende: Metallindustrie, Chemische Industrie, Petrochemie, Schiffbau, Elektronik, Automobilindustrie, Textilindustrie, Tabak, Pharmaindustrie, Uhrenindustrie

b. Und du? Kennst du die Rheinstädte? Such dir zwei aus und vergleiche sie!

Du: Strasbourg und Basel: Beide Städte liegen am Rhein, aber Strasbourg liegt nördlicher als Basel.

GB ←
Merk dir das! ←

4. Im Café

Im Café kommen die vier Freunde mit Schiffskapitänen ins Gespräch, die die Stadt Schaffhausen zu einem Rheinfest eingeladen hat. Was erfährst du über das Leben dieser Leute?

Stefan Kahn

Henrik van Bambost

Wilhelm Hirtzig

François Nonnenmacher

UNTER UNS GESAGT...
Welche Bedeutung hat der Rhein für Europa? (Tourismus, Transport, Industrie...)

NUN BIST DU DRAN

Du bist der Rhein und erzählst von deinem Lauf von der Quelle bis zur Mündung. Du beschreibst, was du siehst (Leute, Landschaften, Städte...). Du machst dich lustig über die Leute, die meinen, dass du ihnen gehörst.

KAPITEL 8
EIN DICHTER ZWISCHEN ZWEI KULTUREN

1. Heinrich Heine

a. Lies mal! Warum steht Heinrich Heine zwischen zwei Kulturen?

1 Heinrich Heine wurde im Jahre 1799 in Düsseldorf geboren. „Ich bin geboren [...] in einer Stadt, wo zur Zeit meiner Kindheit, nicht bloß die Franzosen, sondern auch der französische Geist¹ herrschte."

1. (r) Geist: *l'esprit*

2 Als er sich später an den Kaiser erinnerte, den er selbst in Düsseldorf gesehen hatte, schrieb er mit Bewunderung²: „Auf diesem Gesicht stand geschrieben: Du sollst keine Götter haben außer³ mir." Er war Napoleon unter anderem dankbar, dass er den Juden⁴ Rechte gegeben hatte.

2. (e) Bewunderung: *l'admiration* - 3. außer mir: *à part moi* - 4. (r) Jude (n, n): *le juif*

3 Der junge Heine besuchte in Düsseldorf das französische Gymnasium. Die Schüler trugen eine französische Uniform. Die Lehrer sprachen französisch und die Schüler lasen die Bücher von Montesquieu, Rousseau und Voltaire.

4 Heine studierte Jura in Göttingen und Berlin. Dann durfte er aber als Jude seinen Beruf nicht ausüben⁵. Er musste die Religion wechseln und wurde Protestant.

5. einen Beruf aus|üben: *exercer un métier*.

5 Er wurde und blieb sein Leben lang sehr kritisch gegenüber seinem Land: In seinem Werk „Reisebilder" drückte er soziale und politische Gedanken⁶ aus, die dem politischen Regime nicht gefielen. So verließ er 1831 Deutschland und kam nach Paris, wo er 1856 starb.

6. (r) Gedanke (ns, n): *la pensée*

b. Was hat Heine als Kind erlebt? Und als Schüler? Als Student? Als Schriftsteller?

Du: Als Kind hat Heine...

GC ←

2. Eine richtige Entscheidung

Was kann erklären, dass Heine Frankreich als Exilland wählte und dort blieb?

Du: Die Tatsache, dass die Franzosen in Düsseldorf waren, kann es erklären.

GD ←

3. Die Lorelei

a. Beschreibe das Bild!

 **b. Hör und lies das Gedicht!
Hör dir dann das Lied an!
Wie findest du die Melodie?**

Ich weiß nicht, was soll es bedeuten,
Dass ich so traurig bin,
Ein Märchen aus alten Zeiten,
Das kommt mir nicht aus dem Sinn¹.

5 Die Luft ist kühl und es dunkelt,
Und ruhig fließt der Rhein;
Der Gipfel des Berges funkelt
Im Abendsonnenschein.

Die schönste Jungfrau sitzet
10 Dort oben wunderbar,
Ihr goldnes Geschmeide blitzet,
Sie kämmt ihr goldenes Haar.

Sie kämmt es mit goldenem Kamme,
Und singt ein Lied dabei;
15 Das hat eine wundersame²,
Gewaltige³ Melodei.

Den Schiffer im kleinen Schiffe
Ergreift es mit wildem Weh⁴,
Er schaut nicht die Felsenriffe,
20 Er schaut nur hinauf in die Höh.

Ich glaube, die Wellen verschlingen⁵
Am Ende Schiffer und Kahn⁶,
Und das hat mit ihrem Singen
Die Lorelei getan.

1. Das kommt mir nicht aus dem Sinn: *Je ne puis le chasser de mon esprit.* - 2. wundersam: *étrange* - 3. gewaltig: *terrible* - 4. mit wildem Weh ergreifen: *pénétrer d'une folle douleur* - 5. verschlingen (a, u): *engloutir.* - 6. (r) Kahn (¨e): *la barque.*

UNTER UNS GESAGT...
Inwiefern ist Heinrich Heine ein europäischer Denker und Dichter?

NUN BIST DU DRAN
Erzähle die Geschichte der Lorelei in der Form eines Märchens!

Du: Es war einmal...
Plötzlich...

KAPITEL 8
GRAMMATIK IST TRUMPF

A. L'expression de la mesure

Certains adjectifs peuvent servir à exprimer la **mesure** :
- *alt* = âgé de
- *lang* = long de
- *breit* = large de
- *tief* = profond de
- *dick* = épais de
- *schwer* = qui pèse

et sont alors accompagnés d'une **indication chiffrée**.
Cette indication est un groupe nominal à **l'accusatif** et les précède obligatoirement :
- *dreizehn Jahre* **alt**
- *hundert Kilometer* **lang**
- *zehn Meter* **breit**
- *vier Meter* **tief**

→ Le français exprime souvent la mesure un peu différemment :
Le lac **a** 8 mètres **de profondeur**. ↔ Der See **ist** 8 Meter **tief**.

❶ Voici des indications sommaires. Formule-les par des phrases complètes.

Fluss – Länge: 230 Km
→ **Dieser Fluss ist 230 Kilometer lang.**

1. Baby – Alter: 1 Monat
2. Schwimmbad – Tiefe: 3 m
3. Baum – Höhe: 10 m
4. Tisch – Länge: 2, 50 m
5. Bett – Breite: 1, 60 m

B. Exprimer la totalité

Lorsqu'on veut **exprimer la totalité des éléments** (choses ou personnes) **d'un ensemble**, on emploie
- le déterminant quantificateur *alle* lorsqu'il y a plus de deux éléments :
  Alle Schüler meiner Klasse wollen bei der Fete mitmachen.
  Meine Eltern, mein Bruder und ich, wir sind alle ins Kino gegangen.

- le déterminant quantificateur *beide* lorsque l'ensemble ne comporte que deux éléments :
  Beide Städte haben einen Hafen.
  In beiden Häfen ist Textilindustrie.
  Meine Freundin und ich, wir sind beide im Mai geboren.

❷ Les deux ou tout le monde ? Reformule les groupes nominaux en utilisant le quantificateur qui convient.

1. **Die Eltern,** Frau und Herr Binder, machen sich Sorgen.
2. **Die drei Freundinnen** wollen heute Nachmittag kommen.
3. **Die Städte Basel und Strasbourg** kämpfen gegen die Umweltverschmutzung.
4. **Die Schüler der 6b** wollen bei der Aktion "Kinder helfen Kindern" mitmachen.
5. Hinz und Kunz, **die Zwerge** haben uns immer gute Tipps gegeben.

C. Employer *als* pour identifier

Lorsqu'on veut **désigner** une personne **sous un angle précis** (une période de sa vie, sa fonction etc...), on emploie *als* suivi du nom qui désigne cet aspect particulier :
Als Kind hatte Heine den Kaiser gesehen.
Als Schüler lernte er Französisch.
Als Student war er schon sehr engagiert.
Als Dichter kämpfte er für die Freiheit.

3 *Question de perspective ! Reformule les énoncés donnés en précisant sous quel angle sont vues les personnes.*

1. Herr Umlauf ist sehr gefährlich. *(Autofahrer)*
2. Frau Wartburg hat viel Geduld. *(Kindergärtnerin)*
3. Frau Sohn ist ganz lieb. *(Lehrerin)*
4. Jens hat bei seinen Großeltern gewohnt. *(Kind)*
5. Anja kam aus Polen nach Deutschland. *(Baby)*

Herr Link ist sehr begabt. *(Forscher)*
➜ **Als Forscher ist Herr Link sehr begabt.**

D. Désigner un fait

Pour **désigner un fait, présenté comme une réalité**, on emploie le nom *Tatsache*.
On peut indiquer en quoi consiste ce fait en faisant suivre le nom *Tatsache* d'une proposition subordonnée en *dass* :
Die Tatsache, dass Heine Französisch konnte, erklärt sein Interesse für Frankreich.

4 *Des faits qui expliquent tout... ou presque... Reformule selon le modèle.*

1. Karin hat als Kind in Frankreich gelebt – ihr Interesse für Französisch
2. Tina lebte als Kind auf dem Land – ihre Liebe zu Tieren
3. Stefan war lange krank – seine Probleme in der Schule
4. Bert und Sonja sind beide gehbehindert – ihre Freundschaft
5. alle Schüler der 8a haben protestiert – die Reaktion des Schulleiters

Karins Vater ist Sportlehrer – ihr Interesse für Sport
➜ **Die Tatsache, dass Karins Vater Sportlehrer ist, erklärt ihr Interesse für Sport.**

KAPITEL 8
VARIATIONEN

Zum Hören

 Wie lebten die Graslandleute und die Waldlandleute?

HÖR UND WIEDERHOLE!

l'absurdité der Unsinn
la garde die Wache (n)
épouser qn jdn heiraten
abolir l'armée
　　　das Militär abschaffen
la paix der Frieden

Zum Lesen

Wie kam es, dass die Waldlandleute und die Graslandleute keine Freunde blieben?

Wie ein Freund zum Feind wird

Im Grasland und im Waldland gab es nur ein paar Polizisten, die nicht viel zu tun hatten. Aber der Polizeihauptmann[1] im Grasland war nicht damit zufrieden, nur ein Polizeihauptmann zu sein und gehorchen zu müssen. Er wollte selber der Höchste sein. So befahl er seinen Polizisten, ihm zu folgen und zu gehorchen. Er
5　sperrte[2] den alten König ins Gefängnis ein und machte sich selber zum König.
Fast zur selben Zeit befahl auch der Polizeihauptmann im Waldland seinen Polizisten, den König einzusperren. Dann machte er sich zum König des Waldlands. Die beiden neuen Könige wollten nicht, dass die Graslandleute und die Waldlandleute unruhig werden, so erzählten ihre Polizisten im ganzen Land, der alte
10　König wäre ein Verbrecher[3] gewesen, und der neue König hätte nun das Land befreit. Die Leute in beiden Ländern wunderten sich sehr. Sie konnten nicht glauben, dass ihre alten Könige Verbrecher gewesen sein sollten. Aber, als ihnen die neuen Könige viele böse Geschichten erzählten, fingen sie an, daran zu glauben.
Die neuen Könige hatten noch nicht genug. Sie wollten noch viel mächtiger[4] wer-
15　den. Deshalb wollte der neue Waldlandkönig das Grasland annektieren, und der neue Graslandkönig wollte das Waldland annektieren.
Für diesen Plan brauchten beide Könige erst einmal Polizisten. Als sie zehnmal mehr Polizisten hatten als die alten Könige, schickten sie sie durch ihre Länder und ließen überall Plakate kleben. Auf den Graslandplakaten stand: „Die Waldlandleute sind
20　gewalttätig[5], sie sind unsere Feinde[6]". Und auf den Waldlandplakaten stand:

---

1. (r) Polizeihauptmann (¨er): *le capitaine de police* - 2. jdn einsperren: *emprisonner qn* - 3. (r) Verbrecher (-): *le criminel* - 4. mächtig: *puissant* - 5. gewalttätig: *violent* - 6. (r) Feind (e): *l'ennemi*

„Die Graslandleute sind falsch und gefährlich und planen Böses gegen das friedliche[7] Waldland."

Die beiden neuen Könige ließen neue Lesebücher schreiben. Von nun an sollten alle Schüler in den beiden Ländern nur noch in den neuen Lesebüchern lesen. Die Graslandkinder lasen erstaunt, dass die Waldlandleute kleine Kinder fressen und die Waldlandkinder lasen ebenso erstaunt, dass die Graslandleute Vampire sind.

Die Schulkinder fragten ihre Lehrer: „Stimmt es, was in unseren Büchern steht?"

Da antworteten die Graslandlehrer: „Jeder von euch kennt Leute aus dem Waldland. Haben sie euch fressen wollen?"

„Nein", antworteten die Kinder und mussten lachen.

Und die Waldlandlehrer antworteten ihren Schülern: „Jeder von euch kennt Graslandleute. Habt ihr sie schon jemals Blut[8] trinken sehen?"

„Nein", antworteten die Waldlandkinder und mussten auch lachen.

frei nach Gudrun Pausewang, Friedensgeschichten

7. friedlich: *paisible* - 8. (s) Blut: *le sang*

Zum Schreiben

Du gehörst zu den Waldlandleuten und schreibst einen Artikel in einer Zeitschrift der Graslandleute, um die Lügen der Könige zu denunzieren.
Du: Wie könnt ihr denn glauben, dass...
 Ihr kennt uns und wisst, dass...
 Tun wir uns zusammen und...

KAPITEL 8

An der Donau

Jetzt hast du viel über den Rhein gelesen. Beschreibe den Lauf eines anderen europäischen Flusses, der Donau: **Quelle, Lauf, Mündung, Städte / Häfen, Landschaften, Geschichte und Kultur...**

Die Donau hat ihre Quelle... Sie fließt...

Passau

Regensburg

Quelle der Donau

Ulm

Linz

KAPITEL 8

 ## Lauter Laute!

A. Aussprache

[aː]	[a]	[iː]	[ɪ]
V*a*ter	W*a*sser	Chem*ie*	Sch*i*ff
b*a*den	W*a*sserfall	Industr*ie*	Tour*i*st
H*a*fen	f*a*lsch	Automob*i*l	er*i*nnern
B*a*sel	St*a*dt	krit*i*sieren	Krit*i*k

B. Betonung

Heine °wurde und °blieb sein Leben lang sehr °kritisch gegenüber seinem Land. Seine so°zialen und po°litischen Gedanken gefielen dem Regime °nicht und er musste emi°grieren. So kam er nach Pa°ris.

Die Burgruine

Dort hat einst ein Schloss gestanden,
voller Lust und Waffenglanz;
blanke Ritter, Fraun und Knappen
schwangen sich im Fackeltanz.

Da verwünschte Schloss und Leute
eine böse Zauberin,
nur die Trümmer blieben stehen,
und die Eulen nisten drin.

Heinrich Heine

 ## Wortschatz

fließen
(r) Fluss (¨e)
(r) Strom (¨e)
(e) Quelle(n)
(r) Nebenfluss (¨e)

(r) Zusammenfluss (¨e)
am Zusammenfluss liegen
in +*acc.* münden

(s) Schiff (e)
(s) Boot (e)
(r) Verkehr
transportieren
(r) Hafen (¨)

(r) Norden
(r) Süden
(r) Osten
(r) Westen
nördlich von / südlich von

(e) Grenze (n)
an der Grenze liegen (a, e)
verbinden (a, u)
mit etwas verbinden
(e) Brücke (n)
(s) Tal (¨er)

Wortfamilien

(e) Antwort
antworten
verantwortlich
(e) Verantwortung

WORT

wörtlich

(s) Wörterbuch

(e) Wortfamilie
(s) Wortspiel
(r) Wortschatz

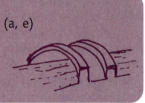

Frühstück für den Waran

Eines Morgens kurz vor den Sommerferien hing am Schwarzen Brett in der Schule ein Zettel. Darauf stand:

„Probleme mit dem Krokodil? Wohin mit dem Waran[1] in den Ferien?
Liebe Mitschüler!
Die Tierpension Liebenstern ist auch in diesem Jahr darauf vorbereitet[2], eure Haustiere in der Ferienzeit in liebevolle Pflege zu nehmen. Interessenten melden sich[3] bei Hubert Liebenstern, Klasse 6."

Vor dem Schwarzen Brett hatten sich einige Schüler und Schülerinnen versammelt, die überrascht und begeistert auf diese Annonce zu reagieren schienen[4]. Auch

---

1. (r) Waran: *le varan (reptile carnivore de 2 à 3 mètres de long)* - 2. auf etwas vorbereitet sein: *être prêt à qqch.* - 3. sich bei jdm melden: *se présenter auprès de qn* - 4. scheinen (ie,ie): *sembler*

ich war überrascht, aber begeistert war ich nicht. Schließlich war ich Hubert Siebenstern, aber ich hatte keine Tierpension, und wollte keine eröffnen. Es konnte nur einer dieser merkwürdigen Streiche meines Freundes Alfi sein.

Als ich unser Klassenzimmer betrat, um nach Alfi zu suchen, kamen zwei Mädchen auf mich zu. Ich sollte ihren Wellensittich[5] Egon und ihre Schildkröte Karmencita in meine Pension aufnehmen. Auch Gunilla lächelte mich an.

„Nimmst du auch Silberpudel bei dir auf, Hubert?" fragte sie.

„Der nimmt sogar Warane auf!" rief Ludwig Wollenberg. „Das hat er persönlich an das Schwarze Brett geschrieben!"

„Gar nichts habe ich geschrieben!" protestierte ich wütend, doch in diesem Augenblick[6] kam schon mein Freund Alfi mit einem Zettel herbei und begann Gunilla zu fragen.

„Wie viel Stück?"

„Wie viel was?"

„Wie viele Pudel du unterbringen[7] willst?"

„Ach, einen bloß. Unseren Leo."

„Und wie lange?"

„Na, drei Wochen so. Wir wollen nämlich drei Wochen nach Spanien. Meine Mutter meint, dort wäre es um diese Zeit zu heiß für einen Hund."

„Deine Mutter hat Recht. Drei Wochen also. Macht pro Tag ungefähr zwei Mark, inklusive englisches Frühstück."

„Englisches… was?"

„Na, englisches Frühstück! Unsere Spezialität. Noch nie was von der Tierpension Siebenstern gehört?"

„Mach endlich Schluss mit dem Blödsinn", antwortete ich ihm unfreundlich, als er die Adressen der Mädchen notiert hatte.

„Alfi", sagte ich schließlich, „du bist wirklich überzeugend[8]. Ich bin dir auch gar nicht böse, wenn du dich über mich lustig machst. Aber den Mädchen gegenüber[9] ist es nicht fair. Und auch gegenüber den anderen in der Schule nicht, die diesen Quatsch am Schwarzen Brett eventuell ernst nehmen."

„Wieso Quatsch?" sagte Alfi erstaunt. „Das ist unser neuer Ferienjob. Du hast gesagt, ich soll mir etwas einfallen lassen.[10] Und nun habe ich mir etwas einfallen lassen."

„Aber doch keine Tierpension!" schrie ich entsetzt.

„Und warum keine Tierpension? Damit macht man doch heutzutage das richtige Geld!"

Mir wurde schlecht.

„Und unsere Dreizimmerwohnung?" fragte ich ängstlich. „Mein Vater schmeißt mich raus![11]"

„Ihr habt aber einen Balkon!" sagte Alfi. „Wir teilen uns natürlich auch die Tiere. Hast du gedacht, ich lasse dich im Stich?[12]"

Ich versuchte, ihn aufzuhalten, bevor er eine weitere Adresse notieren konnte, aber er sagte: „Was willst du? Es läuft doch bestens! Denk an die Kundschaft![13]"

---

5. (r) Wellensittich(e): *la perruche* - 6. (r) Augenblick: *le moment* - 7. unterbringen: *héberger* - 8. überzeugen: *convaincre* - 9. den Mädchen gegenüber: *envers les filles* - 10. sich etwas einfallen lassen (ä,ie,a): *trouver une idée* - 11. jdn raus schmeißen (i,i): *mettre qn à la porte* - 12. jdn im Stich lassen: *laisser tomber qn* - 13. (e) Kundschaft: *la clientèle*

In der Mittagspause verlängerte sich Alfis Liste um ein Rosettenmeerschwein namens Mausi, einen Goldfisch, eine jugendliche Hamstermutter mit Jungen, weitere Tanzmäuse, eine Siamkatze und einen Boxer mit Namen Max.

Vor der letzten Stunde aber kam der Schock! Er kam durch den Lautsprecher und versprach nichts Gutes.

„Der Schüler Hubert Siebenstern meldet sich bitte nach Schulschluss sofort bei Direktor Hauff!"

Was hatte ich falsch gemacht? Ich überlegte, aber mir fiel einfach nichts ein, was man mir und Alfi vorwerfen konnte.

Alfi merkte meine Panik und sagte: „Keine Angst, ich komme mit!"

Nach Schulschluss kamen wir ins Büro des Direktors. Er sah nicht bösartig aus. Alfi aber machte mir Sorgen. Er sah aus, als ob er die Grippe kriegte.[14]

Der Direktor wollte uns zu der Idee der Tierpension herzlichst beglückwünschen. Er nannte die Tierpension ein gutes Werk und ein gutes Beispiel jugendlicher Kreativität und Eigeninitiative.

Dann kam er zum Thema. „Ich werde meinen Urlaub in diesem Jahr in der Schweiz verbringen, um einige Drei- und Viertausender[15] zu besteigen[16]. Das einzige Problem für mich ist, dass Püppi, mein Hund, sich nicht besonders auf Drei- und Viertausender freut. So suche ich eine Unterbringung im August für Püppi. Ich habe viel Positives über die Tierpension Siebenstern gehört und hoffe, dass für Püppi noch ein Plätzchen frei ist."

„Null problemo!" sagte Alfi erleichtert!

Der Direktor wurde auf die Liste gesetzt.

14. als ob er die Grippe kriegte: *comme si il allait avoir la grippe* - 15. (r) Dreitausender: *le sommet de 3 000 mètres* - 16. besteigen: *escalader*

Spaß am Lesen

Nun war die Sache mit dem Direktor sehr gut gelaufen und ich wollte an diesem Abend auch zu Hause alles regeln. Ich konnte ja nicht warten, denn bald würden die ersten Kunden mit ihren Tieren vor der Wohnungstür stehen.

Ich hatte noch Zeit, die Wohnung sauber zu machen, um meine Eltern für meine Pläne zu gewinnen. Das hieß, ich musste den Mülleimer hinunterbringen, mein Zimmer aufräumen, im Wohnzimmer nichts herumliegen lassen und das Frühstücksgeschirr abspülen. Alles was ich nicht gern mache, aber das sollte das mütterliche Wohlwollen sichern[17]. Meinem Vater würde ich seine Lieblingspizza backen.

Als meine Eltern nach Hause kamen, roch[18] es in der ganzen Wohnung wie in einer römischen Pizzeria.

„Wenn unser Sohn uns so verwöhnt[19], dann muss etwas los sein", sagte mein Vater perplex. „Soll ich mal raten, Hubert? Du wirst nicht versetzt!"

Ohne etwas zu sagen, holte ich mein Bioheft herbei und zeigte eine Eins zum Thema „Verhaltensforschung"[20].

Ich begann gerade die Pizza zu zerschneiden, als meine Mutter die Abendzeitung neben mich legte. Eine der Überschriften sprang mir direkt in die Augen. Sie lautete: „Jugend forscht!"

Von diesem Moment an war das Problem geregelt. Ich dankte der Presse und meiner Mutter und dem Rest der Welt. Meine Mission war nun klar.

Da kam mein Vater wie erwartet zum Thema.

„Und was ist nun mit dir heute los? Was ist dein Problem, mein Sohn?"

Ich zeigte die Überschrift der Abendzeitung, die mich retten sollte. „Jugend forscht!"

„Jugend forscht?" fragte mein Vater erstaunt. Dann schien er zu verstehen. „Unser Sohn hat einen Forschungsauftrag übernommen!" sagte er zu meiner Mutter. „Und wie lautet das Thema?"

17. das mütterliche Wohlwollen sichern: *assurer la bienveillance maternelle* - 18. riechen (o,o): *sentir* - 19. jdn verwöhnen: *gâter qn* - 20. (e) Verhaltensforschung: *recherche sur le comportement*

Darauf hatte ich nur gewartet.

„Verhaltensforschung. Du hast es gerade in meiner Bioarbeit gelesen. Ich war wohl zu gut. Nun hab' ich den Salat!²¹"

Meine Mutter blätterte aufgeregt in der Zeitung. „Stehst du hier schon drin? Das find' ich ja einfach toll! Unser Hubert forscht! Da werden die lieben Verwandten aber staunen!"

„Ja, ja", sagte ich, „das ist alles gut und schön. Aber ich glaube nicht, dass ich da mitmachen kann. Schließlich brauche ich euer Einverständnis dazu."

„Aber das hast du!" rief meine Mutter erregt.

„Mal langsam", sagte mein Vater ahnungsvoll. „Und was musst du da tun?"

Ich erklärte es, so locker²² ich es konnte: „Unsere Wohnung wird eine Arche sein und ich werde das Verhalten der verschiedenen Haustiere, die zusammenleben, studieren. Die Tiere werde ich von meinen Mitschülern bekommen. Viele wollen mir helfen. Die ganze Schule fiebert mit. Natürlich ist es schade, dass diese Forschungsarbeit in den Ferien gemacht werden muss. Aber in der Schulzeit schafft man es nicht. Zum Glück wollen wir ja erst im Herbst verreisen."

Meine Eltern saßen wie erstarrt²³ auf ihren Stühlen.

„Und wo soll deine Arche sein?" fragte mein Vater mich mit Humor. „Und wo nimmst du die Tiere dazu her?"

„Na, hier, die sind doch dann bei uns", antwortete ich ziemlich ängstlich.

Ich aß die letzten Reste der Pizza. Sie schmeckte mir nicht mehr. „Was sind denn das für Tierarten?" fragte meine Mutter.

„Ich meine, sind sie gefährlich?"

„Na, hör mal", sagte ich empört. „Würde ich euch das antun? Es sind ganz normale Haustiere. Süße Kaninchen, kleine Katzen, fröhliche Sittiche, Meerschweinchen…"

„Ich mag keine Katzen!" sagte meine Mutter.

Ich beruhigte sie schnell und sagte, dass die Katzen natürlich von Alfi übernommen würden. „Alfi hat spontan beschlossen, mir zu helfen. Wir teilen uns die Forschungsarbeit."

Das schien meine Eltern irgendwie zu beruhigen.

Es brauchte noch eine gute halbe Stunde Überzeugungsarbeit, bis sie einverstanden waren. Gemeinsam einigten wir uns auf folgendes Programm:

Keine Katzen, keine Exoten, keine Ratten ins Haus!

Die Pflege der Tiere würde allein meine Aufgabe sein!

Die Wohnung hatte ich ebenfalls sauber zu halten.

„Sonst kann uns der Minister einen neuen Teppich kaufen!" sagte mein Vater.

„Und keinen Lärm!" ergänzte meine Mutter. „Wir waren immer sehr beliebt in diesem Haus."

frei nach Christamaria Fiedler, *Kein Ferienjob für schwache Nerven*

---

21. den Salat haben: *être dans une situation embarrassante* - 22. locker: *calme, décontracté* - 23. erstarrt: *figé*

Jugend

Wie funktioniert's?

Der Wettbewerb[2] „Jugend forscht" richtet[3] sich an junge Menschen bis 21, die sich für Naturwissenschaften[4], Mathematik und Technik interessieren.
Für Schülerinnen und Schüler unter 15 Jahren gibt es den Juniorenwettbewerb „Schüler experimentieren".

Das Thema kann frei gewählt werden, es muss aber zu folgenden Fächern gehören:

- Biologie
- Chemie
- Geo- und Raumwissenschaften
- Mathematik, Informatik
- Physik
- Technik
- Arbeitswelt

1. forschen: *faire de la recherche*
2. (r) Wettbewerb (e): *le concours*
3. (e) Wissenschaft (en): *la science*
4. sich an jdn richten: *s'adresser à qn*

Karin Greib, 19, hat über Tierverhalten geforscht. Durch ihre Arbeit hat sie festgestellt, dass Hühner sich nach den verschiedenen Farben orientieren können, zum Beispiel um ihr Futter zu finden.

Reiner Schäfer, 17, aus Berlin, erfand ein Fahrrad mit einem automatischen Gangsystem. Seine Erfindung ist für Behinderte Radfahrer eine große Hilfe.

forscht[1]

- Ausgeschlossen[5] sind:
  – Experimente, bei denen Tiere gequält oder getötet werden.
  – Projekte, die gefährlich sind wie z.B. Experimente mit Drogen oder radioaktiven Stoffen
  – die Programmierung von Computerspielen mit rassistischem Inhalt[6].
- Es muss mit naturwissenschaftlichen, technischen, mathematischen Methoden gearbeitet werden.
- Forschen kann man allein oder in der Gruppe.
- Zugelassen[7] ist, wer in der Bundesrepublik wohnt oder hier zur Schule geht.
- Es gibt bei „Jugend forscht" natürlich Preise zu gewinnen: Geldpreise, Studienreisen.

➡ Anmeldeschluss ist in jedem Jahr der 30. November.

5. ausgeschlossen: *exclus*
6. (r) Inhalt: *le contenu*
7. zugelassen: *admis*

Philipp Spangenberg, Dennis Koerner und Sebastian Naundorf, drei 18jährige Jungen aus Mainz, haben ein Unterrichtssystem entwickelt, das keine Schulbücher und kein Papier mehr braucht, sondern einen kleinen Computer. Per Infrarot kommunizieren die Schüler mit dem Rechner ihres Lehrers.

Lena Oserterlin, 19, aus Göttingen, fand heraus, dass es Affen gibt, die mit der linken Hand arbeiten, und andere, die lieber die rechte Hand benutzen. Ihre Arbeit zeigt eine interessante Parallele zwischen Menschen und Affen, die der Erforschung der menschlichen Entwicklung helfen kann.

Précis grammatical

Déclinaison du groupe nominal

Règle : le déterminant porte la marque de genre, nombre et cas. En l'absence de déterminant, ou lorsque le déterminant ne prend pas de marque, celle-ci est reportée sur l'adjectif.

1. Présence d'un déterminant

a. Type *"der, die, das"*

	masculin	neutre	féminin	pluriel
Nom.	der neue Schüler	das kleine Kind	die neue Schülerin	die neuen Schüler
Acc.	den neuen Schüler	das kleine Kind	die neue Schülerin	die neuen Schüler
Dat.	dem neuen Schüler	dem kleinen Kind	der neuen Schülerin	den neuen Schülern
Gén.	des neuen Schülers	des kleinen Kindes	der neuen Schülerin	den neuen Schüler

De même : – dieser, diese, dieses (ce, cette)   – jeder, jede, jedes (chaque)   – welcher, welche, welches (quelque(s))
– alle (pluriel) (tout(s))   – beide (pluriel) (les 2)

b. *ein-, kein-* et les possessifs

	masculin	neutre	féminin	pluriel
Nom.	einØ armer Mann	einØ kleines Kind	eine gute Fee	keine armen Leute
Acc.	einen armen Mann	einØ kleines Kind	eine gute Fee	keine armen Leute
Dat.	einem armen Mann	einem kleinen Kind	einer guten Fee	keinen armen Leuten
Gén.	eines armen Manns	eines kleinen Kindes	einer guten Fee	keinen armen Leute

De même : mein kleiner Bruder,   unser schönes haus

2. Absence de déterminant

	masculin	neutre	féminin	pluriel
Nom.	frischer Käse	frisches Wasser	frische Milch	nette Leute
Acc.	frischen Käse	frisches Wasser	frische Milch	nette Leute
Dat.	frischem Käse	frischem Wasser	frischer Milch	netten Leuten
Gén.	frischen Käses	frischen Wassers	frischer Milch	netter Leute

De même : *viele, mehrere, einige, wenige* (pluriel)

Le pluriel des noms

masculins **-e/ ¨e**
¨er
(r) Hund → Hunde
(r) Stuhl → Stühle
(r) Mann → Männer

féminins **-e(n)**
¨e
(e) Frau → Frauen
(e) Note → Noten
(e) Hand → Hände

neutres **-er/ ¨er**
-e
(s) Kind → Kinder
(s) Buch → Bücher
(s) Problem → Probleme

– Masculins faibles : (r) Junge → Jungen
  (r) Franzose → Franzosen
– Abréviations :   (r) Lkw → Lkws
– Mots d'origine étrangère : (s) Hotel → Hotels

Pronoms

- **Pronoms personnels**

	1re pers.		2e pers.		3e pers.			
	sing.	plur.	sing.	plur.	M.	N.	F.	plur./pol.
Nominatif	ich	wir	du	ihr	er	es	sie	sie/Sie
Accusatif	mich	uns	dich	euch	ihn	es	sie	sie/Sie
Datif	mir	uns	dir	euch	ihm	ihm	ihr	ihnen/Ihnen

- **Pronoms réfléchis**

Le pronom réfléchi a la même forme que le pronom personnel, sauf à la 3e personne (singulier et pluriel) :

    Accusatif : sich   Datif : sich

- **Pronoms indéfinis** man *(seulement sujet)*   **jemand** *(jemanden, jemandem)*   **etwas** *(invariable)*
                                                   niemand *(niemanden, niemandem)*   **nichts** *(invariable)*

- **Pronoms interrogatifs**

wer *(qui ; acc. : wen ; dat. : wem)*   **warum** *(pourquoi)*   **wann** *(quand)*   **woher** *(d'où)*
was *(que)*   **wie** *(comment,* **wie viel(e)** *: combien)*   **wo** *(où)*   **wohin** *(vers où)*

Conjugaison

1. L'indicatif

	Verbes faibles	Verbes forts en **e**	Verbes forts en **a**
Présent	ich such **e** du such **st** er, es, sie such **t** wir such **en** ihr such **t** sie such **en**	ich geb **e** du g**i**b **st** er, es, sie g**i**b **t** wir geb **en** ihr geb **t** sie geb **en**	ich trag **e** du tr**ä**g **st** er, es, sie tr**ä**g **t** wir trag **en** ihr trag **t** sie trag **en**
prétérit	ich such **te** du such **te st** er/sie such **te** wir such **te n** ihr such **te t** sie/Sie such **te n**	ich gab du gab **st** er/sie gab wir gab **en** ihr gab **t** sie/Sie gab **en**	ich trug du trug **st** er/sie trug wir trug **en** ihr trug **t** sie/Sie trug **en**
Parfait	ich habe … **ge** such **t** du hast … **ge** such **t** er, es, sie hat … **ge** such **t** wir haben … **ge** such **t** ihr habt … **ge** such **t** sie haben … **ge** such **t**	ich habe … **ge** geb **en** du hast … **ge** geb **en** er, es, sie hat … **ge** geb **en** wir haben … **ge** geb **en** ihr habt … **ge** geb **en** sie haben … **ge** geb **en**	ich habe … **ge** trag **en** du hast … **ge** trag **en** er, es, sie hat … **ge** trag **en** wir haben … **ge** trag **en** ihr habt … **ge** trag **en** sie haben … **ge** trag **en**
Plus que parfait	ich hatte … gesucht	ich hatte … gegeben	ich hatte … getragen
Futur	ich werde suchen	ich werde geben	ich werde tragen
Impératif	such(**e**)! such **t**! such **en** Sie!	g**i**b! geb **t**! geb **en** Sie!	trag(**e**)! trag **t**! trag **en** Sie!

Précis grammatical

	sein	haben	werden
Présent	ich bin — wir sind du bist — ihr seid er ist — sie sind	ich hab **e** — wir hab **en** du ha **st** — ihr hab **t** er ha **t** — sie hab **en**	ich werd **e** — wir werd **en** du wir **st** — ihr werd **et** er wird — sie werd **en**
Prétérit	ich war — wir war **en** du war **st** — ihr war **t** er war — sie war **en**	ich hatte — wir hatte **n** du hatte **st** — ihr hatte **t** er hatte — sie hatte **n**	ich wurd **e** — wir wurd **en** du wurd **est** — ihr wurd **et** er wurd **e** — wir wurd **en**
Parfait	ich bin ... gewesen	ich habe ... gehabt	ich bin ... geworden
Plus-que-parfait	ich war ... gewesen	ich hatte ... gehabt	ich war ... geworden
Impératif	sei! sei **d**! (sei **en** Sie!)	hab **e**! hab **t**! (hab **en** Sie!)	

2. Le Subjonctif II

Présent	ich k**ä**m**e** du k**ä**m**est** er/sie k**ä**m**e** wir k**ä**m**en** ihr k**ä**m**et** sie/Sie k**ä**m**en**	ich h**ätte** du h**ätte**st er/sie h**ätte** wir h**ätte**n ihr h**ätte**t sie/Sie h**ätte**n	ich w**äre** du w**äre**st er/sie w**äre** wir w**äre**n ihr w**äre**t sie/Sie w**äre**n
Passé	ich w**äre** ... gekommen	ich h**ätte** ... gehabt	ich w**äre** ... gewesen
Futur	ich w**ü**rd**e** ... kommen du w**ü**rd**est** ... kommen er/sie w**ü**rd**e** ... kommen	ich w**ü**rd**e** ... haben du w**ü**rd**est** ... haben er/sie w**ü**rd**e** ... haben	ich w**ü**rd**e** ... sein du w**ü**rd**est** ... sein er/sie w**ü**rd**e** ... sein

3. Les verbes de modalité
a. Indicatif

Présent			Prétérit
können ich kann du kann **st** er, es, sie kann wir könn **en** ihr könn **t** sie könn **en**	**dürfen** ich darf du darf **st** er, es, sie darf wir dürf **en** ihr dürf **t** sie dürf **en**	**mögen** ich mag du mag **st** er, es, sie mag wir mög **en** ihr mög **t** sie mög **en**	ich konn **te** du konn **te st** er/sie konn **te** wir konn **te n** ihr konn **te t** sie/Sie konn **te n**
wollen ich will du will **st** er, es, sie will wir woll **en** ihr woll **t** sie woll **en**	**sollen** ich soll du soll **st** er, es, sie soll wir soll **en** ihr soll **t** sie soll **en**	**müssen** ich muss du muss **t** er, es, sie muss wir müss **en** ihr müss **t** sie müss **en**	ich konnte durfte wollte sollte musste

b. Subjonctif II

Présent	ich könnte	ich dürfte	ich möchte	ich wollte	ich sollte	ich müsste

4. Le passif

• La forme verbale est composée de l'auxiliaire *werden* et du participe II du verbe concerné :

Présent ich werde ... gefragt   **Passé** ich wurde ... gefragt
du wirst ... gefragt   du wurdest ... gefragt
er/sie wird ... gefragt   er/sie wurde ... gefragt

• Cette forme peut se passer de sujet. Le verbe est alors à la 3e personne. On centre l'attention sur l'action :

Heute wird gespielt, morgen wird wieder gearbeitet.

• Lorsque le sujet est exprimé, il désigne celui qui subit l'action ou la chose créée :

Die Lautsprecher werden schnell repariert.
Die Druckpresse wurde im Elsass erfunden.

• Pour désigner celui qui fait l'action (= l'agent), on emploie un groupe prépositionnel en *von* :

Die Bibel wurde früher von den Mönchen abgeschrieben.

La syntaxe du verbe

Verbes ayant :

– un objet à l'acc. : fragen, brauchen, anrufen

– un objet au datif : helfen, danken, gratulieren, fehlen, gefallen, schmecken

– un objet à l'acc. et un objet au datif : geben, schenken, schicken, erzählen, sagen

– un objet prépositionnel :

sich für jdn/etwas interessieren
sich um jdn/etwas kümmern
mit jdm telefonieren
an jdn/etwas denken

sich an jdn/etwas erinnern
sich an jdn/etwas gewöhnen

auf jdn/etwas warten
auf etwas antworten

La syntaxe de l'énoncé

1. Dans un groupe infinitif, le verbe à l'infinitif est toujours placé à la fin, précédé de ses compléments :

mit dem Bus nach °Hause fahren
dem Großvater ein °Buch schenken

Le groupe infinitif peut fonctionner comme **énoncé** pour donner un **ordre** :

Bitte, heute die Zimmer sauber machen!

2. Dans l'énoncé déclaratif, le verbe conjugué est à la 2e place.

Am Wochenende bleiben wir zu °Hause.
Die Kinder decken den °Tisch ab.

➔ Si la forme verbale est composée, seul l'auxiliaire se déplace en 2e position.

Gestern haben wir eine °Wanderung gemacht.

➔ La 1re place peut être occupée par le sujet, un complément ou tout autre élément.

Florian hat einen °Brieffreund in Nîmes.
Zuerst muss ich °lernen, dann darf ich °spielen.
Wenn die Zweige °blühen, passiert °kein Unglück.

➔ Seules les conjonctions de coordination (*und, aber*) ne peuvent occuper à elles seules la 1re place :

Heute habe ich ge°arbeitet, und dann habe
  1   2   0   1   2
ich ge°spielt.

Jan will ins °fernsehen, aber er °darf nicht.
  1   2   0   1   2

Précis grammatical

3. Dans l'énoncé interrogatif, le verbe conjugué est :
– soit à la 1ʳᵉ place (interrogation globale),
Hörst du gern Mu°sik?
Kommst du heute °mit?
– soit à la 2ᵉ place, précédé d'un mot interrogatif (interrogation partielle).

Wann °essen wir heute?

4. Dans l'énoncé injonctif (ordre), le verbe conjugué est à la 1ʳᵉ place.
Denkt an die °Umwelt!
Fahrt mit dem °Bus!

La proposition subordonnée

1. Forme
La proposition subordonnée est introduite par :
– une conjonction de subordination (*dass, ob, weil, wenn, als*)
Wenn du willst, gehen wir ins Kino.
– un pronom relatif (*der, die, das*)
Clémentine ist die Schülerin, die aus Frankreich kommt.
– ou interrogatif
(*wer, was, wann, wie, warum…*)
Der Lehrer fragt, wo die Mädchen sind.

➔ Dans la subordonnée, le verbe conjugué se trouve en dernière position :
Der Lehrer fragt die Schüler, ob sie einverstanden sind.

2. Fonctions
La subordonnée peut être sujet ou objet :

Es ist schön, dass du mich besucht hast.
Ich weiß nicht, ob wir heute eine Arbeit schreiben.

Celle qui est introduite par *wer* peut servir à dénommer et caractériser une personne :
Wer mitspielen möchte, soll es gleich sagen.

La subordonnée peut aussi exprimer
• le temps : datage précis (*als*) ou imprécis (*wenn*)
Als Karin klein war, lebte sie bei den Großeltern.
Wenn mir jemand eine Zigarette anbietet, sage ich 'nein'.
• l'hypothèse (*wenn*)
Wenn ich ein Fahrrad hätte, würde ich nicht mit dem Bus fahren.
• la cause (*weil*)
Felix ist so spät gekommen, weil er den Wecker nicht gehört hat.

Le groupe infinitif

➔ Le groupe infinitif peut être sujet ou objet. Le verbe à l'infinitif est alors précédé de *zu* :
Im Watt zu wandern ist bestimmt schön!
Die Schüler haben vor, einen Film zu machen.
ATTENTION ! Lorsque le groupe infinitif accompagne un verbe de modalité, l'infinitif n'est jamais précédé de *zu* :
Das Mädchen konnte den Weg nicht finden.
➔ Le groupe infinitif qui exprime le but est introduit par *um* :
Um Geld zu verdienen, organisieren die Schüler eine Fete.

Les prépositions

1. Les prépositions suivies **du datif** sont :
aus, bei, mit, nach, seit, von, zu

2. Les prépositions suivies **de l'accusatif** sont : *durch, für, gegen, ohne, um*

3. Les prépositions suivies **de l'accusatif ou du datif** sont :

an, auf, in, neben, über, unter, zwischen
– Elles sont suivies de l'accusatif si le verbe exprime une relation directive :
Herr Jung fährt sein Auto in die Garage.
– Elles sont suivies du datif si le verbe exprime une relation locative :
Mein Fahrrad steht immer in der Garage.

LEXIQUE allemand-français

Les noms figurent en couleurs, selon leur genre : bleu pour le masculin, rouge pour le féminin et vert pour le neutre (Ceux figurant en jaune sont toujours au pluriel). La marque de pluriel est indiquée entre parenthèses après le nom.
- Les verbes irréguliers sont suivis de la voyelle du radical aux différentes formes : présent (lorsqu'elle est différente de celle de l'infinitif), préterit et participe II.
- Pour les noms masculins faibles, sont indiquées entre parenthèses la marque du pluriel et celle du datif singulier.
- Les mots non suivis d'un numéro de page, sont ceux qui apparaissent dans le cahier ou dans les enregistrements.

A

(s) Abendbrot: le repas du soir, 19
(s) Abendessen: le repas du soir, 97
ab|fahren (ä,u,a): partir, 17
Achtung!: attention !, 15
(r) Affe (n,n): le singe, 60
keine Ahnung haben: n'avoir aucune idée, 80
alle: tous, 20
allein: seul
alles: tout, 12
alt: vieux, 20
(s) Altersheim (e): la maison de retraite, 61
ander-: autre, 14
jdm etwas an|bieten (o,o): proposer qc à qn, 44
(r) Anfang (¨e): le début, 81
an|fangen (ä,i,a): commencer, 29
(e) Angst (¨e): la peur, 60
vor etwas/jdm Angst haben: avoir peur de qn/qc., 60
an|kommen (a,o): arriver, 16
jdn an|lächeln: sourire à qn, 136
etwas an|lassen (ä,ie,a): laisser branché, 46
an|machen: allumer
jdn an|rufen (ie,u): appeler qn au téléphone, 13
sich etwas/jdn an|schauen: regarder qc/qn, 16
jdm auf etwas/jdn antworten: répondre à qn/à qc., 14
sich anziehen (zog, gezogen): s'habiller, 95, s'attirer, 94
(r) Apfel (¨): la pomme, 48
(e) Apotheke (n): la pharmacie, 12
arbeiten: travailler, 35
jdn ärgern: embêter qn, 44
arm: pauvre, 62
(e) Art (en): la sorte, l'espèce
(r) Arzt (¨e): le médecin, 111
auf|geben (i,a,e): renoncer, 28
auf|hören: cesser, 60
auf|machen: ouvrir, 62

(e) Aufmerksamkeit: l'attention, 108
auf|nehmen (i,a,o): accueillir, 136
auf etwas/jdn auf|passen: faire attention à qc/qn., 13
auf|räumen: ranger, 82
auf|stehen (a,a): se lever, 52
auf|treten (i,a,e): se produire en public, 46
(r) Augenblick (e): le moment, 60, l'instant, 136
aus (+dat.): en provenance de, 17
(e) Ausdauer: l'endurance, 109
aus|drücken: exprimer, 126
(r) Ausflug (¨e): l'excursion, 12
aus|geben (i,a,e): dépenser, 14
aus|gehen: sortir, 44
aus|hängen: accrocher, 31
(s) Ausland: l'étranger (pays), 36
sich aus|ruhen: se reposer, 15
außer sich: hors de soi, 96
außer mir: sauf moi, 126
aus|sehen (ie,a,e): avoir l'air, 17
aus|tauschen: échanger, 95
einen Beruf ausüben: exercer une profession, 126
auswendig: par cœur, 29

B

backen: faire cuire au four, 82
(e) Bäckerei (en): la boulangerie, 12
baden: se baigner, 14
(s) Badetuch (¨er): la serviette de bains, 12
(s) Badezeug: les affaires de toilette, 13
(e) Bahn: le chemin de fer, 84
(r) Bahnhof (¨e): la gare, 16
(r) Bär (en,en): l'ours, 61
basteln: bricoler, 77
(e) Batterie (n): la pile, 12
(r) Bauch (¨e): le ventre, 62
bauen: bâtir, 79
(s) Baugelände: le chantier de construction, 112
bedeuten: signifier, 91

sich befinden (a,u): se trouver, 49
(r) Befreier (-): le libérateur, 48
(e) Befreiung: la libération, 49
sich mit jdm befreunden: se lier d'amitié avec qn, 94
begabt: doué, 27
(e) Begegnung (en): la rencontre, 31
begeistert: enthousiaste, 76
begleiten: accompagner, 63
behindert: l'handicapé, 63
bei (+dat.): chez, 16
beide: les deux, 31
(s) Bein (e): la jambe, 62
(s) Beispiel (e): l'exemple, 78
bekannt: connu, 31
bekommen (a,o): obtenir, recevoir, 66
beliebt: apprécié
bellen: aboyer, 62
(e) Bemerkung (en): la remarque, 60
benutzen: utiliser, 51
beobachten: observer, 77
bequem: confortable, 84
(r) Berg (e): la montagne, 14
(r) Beruf (e): le métier, 33
sich beruhigen: se calmer, 60
berühmt: célèbre, 33
sich mit etwas beschäftigen: s'occuper de qc., 94
beschließen (o,o): décider, 50
beschreiben (ie,ie): décrire, 17
besetzen: occuper (un pays), 49
(e) Besichtigung (en): la visite, 12
etwas besprechen (i,a,o): discuter de qc., 94
besser: mieux, 12
best-: meilleur, 60
(r) Besucher (-): le visiteur, 122
betreten (i,a,e): entrer, 112
(s) Bett (en): le lit, 13
(r) Bewohner (-): l'habitant, 47
(e) Bewunderung: l'admiration, 126
(e) Bibel (n): la bible, 81

(e) **Biene** (n): l'abeille, 60
billig: bon marché
bis: jusqu'à, 82
ein bisschen: un peu, 111
jdn um etwas bitten (a,e): prier, demander qc à qn, 108
(s) **Blatt** (⁻er): la feuille, 80
blättern: feuilleter, 139
bleiben (ie,ie): rester, 35
(r) **Blick** (e): la vue, 15
blöd: bête, 29
(r) **Blödsinn**: la bêtise, 136
bloß: seulement, 126
(e) **Blume** (n): la fleur, 36
(r) **Boden** (⁻): le sol, 63
böse: en colère, 111
jdn/etwas brauchen: avoir besoin de qn/qc., 12
sich etwas brechen (i,a,o): se casser qc., 94
(e) **Breite**: la largeur, 122
(s) **Schwarze Brett**: le panneau d'affichage, 135
(r) **Brieffreund** (e): le correspondant, 14
(r) **Briefkasten** (⁻): la boîte aux lettres, 64
(e) **Brille** (n): les lunettes, 19
bringen (brachte, gebracht): apporter, 64
(s) **Brot** (e): le pain, 12
(s) **Brötchen** (-): le petit-pain, 16
(e) **Brücke** (n): le pont, 114
(e) **Buchhandlung** (en): la librairie, 12
(r) **Buchstabe** (ns,n): la lettre, 80
bummeln: flâner, 94

C

(e) **Clique** (n): la bande de copains, 94
(r) **Computer** (-): l'ordinateur, 94

D

damals: à l'époque, 31
dankbar: reconnaissant, 63
jdm für etwas danken: remercier qn de qc., 33
an etwas/jdn denken (dachte, gedacht): penser à qc/qn., 16
dick: gros, 60
(r) **Diener** (-): le serviteur, 96
(r) **Dirigent** (en,en): le chef d'orchestre, 29
(s) **Dorf** (⁻er): le village, 47
dort: là-bas, 13

draußen: dehors, 20
(r) **Dreck**: la saleté, 123
(e) **Dritte Welt**: le tiers monde, 67
drucken: imprimer, 79
drücken: appuyer, 62
dunkel: sombre, 127
dürfen: pouvoir, avoir la permission, 20
(r) **Durst**: la soif, 93

E

echt: véritable
(e) **Ecke** (n): le coin, 112
ehrgeizig: ambitieux, 31
(s) **Ei** (er): l'œuf, 18
einander: mutuellement, 47
einfach: simple, simplement, 29
sich etwas ein|fallen lassen (ä,ie,a): chercher une idée, 136
(e) **Einheit**: l'unité, 49
einige: quelques, 12
einigen: unir, 47
(r) **Einkauf** (⁻e): l'achat, 12
ein|kaufen: faire les courses, 63
einmal: une fois, 28
einpacken: emballer, 12
einsam: solitaire, 65
ein|schlafen (ä,ie,a): s'endormir, 35
einverstanden sein: être d'accord, 96
(s) **Einverständnis** (se): l'accord, 139
(r) **Einwohner** (-): l'habitant, 124
einzig-: unique, 94
(s) **Eis**: la glace, 77
eklig: répugnant, 60
(pl) **Eltern**: les parents, 14
(s) **Ende** (n): la fin, 97
eng: étroit
entdecken: découvrir
(e) **Entdeckung** (en): la découverte
entfernt: éloigné, 77
entschlossen: décidé, 112
sich entschuldigen: s'excuser, 111
entsetzt: horrifié, 136
enttäuscht: déçu, 15
erfahren (ä,u,a): apprendre, 17
erfinden: inventer
(e) **Erfindung** (en): l'invention, 79
(r) **Erfolg** (e): le succès, 76
(s) **Ergebnis** (se): le résultat, 14
sich an etwas/jdn erinnern: se rappeler, 49
(e) **Erinnerung** (en): le souvenir, 77

erkennen (erkannte, erkannt): reconnaître, 17
erklären: expliquer, 80
(e) **Erklärung** (en): l'explication
erleben: vivre qc, 16
erleichtert: soulagé, 138
ernst: sérieux, 107
eröffnen: ouvrir, 136
ersetzen: remplacer, 80
erst morgen: seulement demain, 84
erwachsen: adulte
etwas erwarten: attendre qc, 15
erzählen: raconter, 16
(r) **Erzbischof** (⁻e): l'archevêque, 31
erziehen (o,o): éduquer, 96
essen (i,a,e): manger, 13
etwas: quelque chose, 13
(r) **Europäer** (-): l'Européen, 15
europäisch: européen, 122
ewig: éternel, 123

F

(e) **Fabrik** (en): l'usine, 34
(s) **Fach** (⁻er): la matière, 31
(s) **Fahrrad** (⁻er): le vélo, 65
(r) **Fahrstuhl** (⁻e): l'ascenseur, 63
(e) **Fahrt** (en): le voyage, trajet, 13
(r) **Fall** (⁻e): le cas, 44
fallen (ä,ie,a): tomber, 16
faul: paresseux, 67
fehlen: manquer, 44
(r) **Fehler** (-): la faute, 29
(r) **Feind** (e): l'ennemi, 95
(pl) **Ferien**: les vacances, 14
(e) **Fernbedienung** (en): la télécommande, 77
(s) **Fernglas** (⁻er): les jumelles, 77
(s) **Fernrohr** (⁻e): le téléscope, 77
(r) **Fernsprecher** (-): le téléphone, 77
fest|stellen: constater
(r) **Film** (e): la pellicule, 12
finden (a,u): trouver, 20
(r) **Flaschenöffner** (-): l'ouvre-bouteilles, 83
fleißig: appliqué, 96
fliegen (o,o): voler, 67
fliehen (o,o): fuir, 95
fließen (o,o): couler, 122
(s) **Flugzeug** (e): l'avion, 77
(r) **Fluss** (⁻e): le fleuve, 122
folgend-: suivant
forschen: faire de la recherche, 138
(r) **Fortschritt** (e): le progrès, 76

Es kommt nicht in Frage: Il n'en est pas question, 45
Fragen stellen: poser des questions, 15
(r) Franzose (n,n): le Français, 15
französisch: français, 16
frech: effronté, impertinent, 45
frei: libre, 47
fremd: étranger, 112
in der Fremde: à l'étranger, 35
fressen (i,a,e): manger (pour les animaux), 65
sich auf etwas/über etwas freuen: se réjouir de qc., 13
(r) Freund (e): l'ami, 14
(e) Freundschaft: l'amitié, 92
(e) Frisur (en): la coiffure, 45
früh: tôt, 13
(s) Frühstück: le petit-déjeuner, 19
(r) Fußtritt (e): le coup de pied, 96
(e) Führung (en): la visite guidée, 93
für (+acc.): pour, 14
(r) Fürst (en,en): le prince, 96

G

Gallien: la Gaule, 49
ganz: tout, entier, 49
(r) Garten (¨): le jardin, 61
geben (i,a,e): donner, 19
geboren: né, 31
(e) Geburt (en): la naissance, 31
(r) Geburtstag (e): l'anniversaire, 115
(s) Gedächtnis: la mémoire, 29
(r) Gedanke (ns,n): l'idée, la pensée, 95
(s) Gedicht (e): le poème, 95
(e) Geduld: la patience, 108
gefährlich: dangereux, 45
jdm gefallen (ä,ie,a): plaire à qn, 45
sich etwas nicht gefallen lassen: ne pas se laisser faire, 45
(s) Gefängnis (se): la prison, 95
im Gefängnis sitzen: être en prison, 95
gegen (+acc.): contre, 44, environ, vers, 19
(e) Gegend (en): la région, 14
(r) Gegenstand (¨e): l'objet, 80
jdm gegenüber: envers quelqu'un, 126
(s) Geheimnis (se): le secret, 94
(r) Geheimtipp (s): le "bon tuyau", 16

gehen (i,a): aller, 13
jdm gehorchen: obéir, 49
jdm gehören: appartenir à qn, 125
gehorsam: obéissant, 63
(e) Geige (n): le violon, 31
(r) Geist (er): l'esprit, 126
(s) Geld: l'argent, 14
(e) Geldbörse (n): le porte-monnaie, 63
(s) Gemälde (-): le tableau de peinture, 93
gemeinsam: ensemble, en commun, 47
genau: exact, exactement, 79
genießen (o,o): apprécier, 14
genug: assez, 12
(s) Gerät (e): l'ustensile, 77
(e) Gerechtigkeit: la justice, 95
(s) Geschäft (e): le magasin, 12
geschehen (ie,a,e): se passer, 81
(s) Geschenk (e): le cadeau
(e) Geschichte (n): l'histoire, 47
geschickt: adroit, 109
(pl) Geschwister: les frères et sœurs, 94
(r) Geselle (n,n): le compagnon, 79
(s) Gesellschaftsspiel (e): le jeu de société, 108
(s) Gesetz (e): la loi, 47
(s) Gesicht (er): le visage, 126
(s) Gespenst (er): le fantôme, 81
(s) Gespräch (e): la conversation, 94
gestern: hier, 19
gesund: sain, 13
(e) Gesundheit: la santé, 108
(s) Getränk (e): la boisson, 12
gewinnen (a,o): gagner, 14
sich an etwas gewöhnen: s'habituer à qc., 108
(e) Gewohnheit (en): l'habitude, 16
es gibt (a,e) (+acc.): il y a, 24
(s) Gift: le poison, 60
giftig: perfide, 97
(s) Glas (¨er): le verre, 18
glauben: croire, 13
gleich: tout de suite, 19
zum Glück: par chance, 139
glücklich: heureux
golden: en or, 127
(r) Gott (¨er): le dieu, 126
Gott sei Dank: Dieu merci, 29
jdm gratulieren: féliciter qn, 33
(e) Grenze (n): la frontière, 17
groß: grand, 67
großartig: magnifique, 80

(r) Grund (¨e): la raison, 97
grüßen: saluer, 47
gucken: regarder, 111
(s) Gymnasium (-sien): le lycée, 84

H

(s) Haar (e): le(s) cheveu(x), 45
(r) Hafen (¨): le port, 125
halb-: demi, 19
etwas von etwas/jdm halten (ä,ie,a): penser qc. de qc/qn, 80
(e) Hand (¨e): la main, 28
handeln: agir, 123
(s) Handtuch (¨er): la serviette de toilette, 13
(s) Handy (s): le téléphone portable, 45
von etwas/jdm abhängen: dépendre de qc, de qn.
hartnäckig: obstiné, 31
(s) Haus (¨er): la maison, 31
zu Hause sein: être à la maison, 35
(r) Hausmeister (-): le concierge, 112
(e) Hausordnung (en): le règlement intérieur, 61
heben (o,o): ramasser, 16
(s) Heimweh: le mal du pays, 35
heiß: très chaud
heißen (ie,ei): signifier, 45
es heißt (ie,ei): on dit, 15
(r) Held (en,en): le héros, 49
jdm helfen (i, a, o): aider qn, 12
(s) Hemd (en): la chemise, 12
(r) Herbst: l'automne
etwas herumliegen lassen (ä,ie,a): laisser traîner qc., 138
(r) Herr (n,en): le monsieur, le maître, 63
(s) Herrchen (-): le maître, 63
herrschen: régner, 126
heute: aujourd'hui, 84
(e) Hilfe (n): l'aide, 29
(r) Himmel: le ciel, 77
jdm etwas hinhalten (ä,ie,a): tendre qc, 63
höchstens: tout au plus, 97
(r) Hof (¨e): la cour, 33
auf etwas hoffen: espérer qc, 95
(e) Hoffnung (en): l'espoir, 112
(e) Höhe (n): la hauteur, 122
holen: aller chercher, 19
(e) Hose (n): le pantalon, 18
hübsch: joli, 99
(s) Huhn (¨er): la poule, 60
(r) Hund (e): le chien, 62

hungern: avoir faim, 16
(r) Hut (¨e): le chapeau, 47
hüten: garder, 62

I

(e) Imbissstube: le snack-bar, 16
immer: toujours, 13
in (+acc./dat.): à, dans, 16
(e) Insel (n): l'île, 35
(s) Interesse (n): l'intérêt, 94
sich für jdn/etwas interessieren: s'intéresser à qn/qc., 31
inwiefern: dans quelle mesure, 48

J

(s) Jahr (e): l'année, 31
jed-: chaque, 13
jedenfalls: en tout cas, 93
(r) Jude (n,n): le Juif, 126
(e) Jugend: la jeunesse
(e) Jugendherberge (n): l'auberge de jeunesse, 19
jugendlich: adolescent, 94
(r) Junge (n,n): le garçon, 18

K

(r) Kaiser (-): l'empereur, 47
kalt: froid
sich kämmen: se peigner, 45
(r) Kampf (¨e): le combat, 48
kämpfen: combattre, 47
(r) Kapellmeister (-): le maître de chapelle, 31
kaputt machen: casser qc, 112
(r) Käse: le fromage, 16
(e) Katze (n): le chat, 67
kaufen: acheter, 13
(r) Kaufmann (Kaufleute): le commerçant, 80
(r) Kaugummi (s): le chewing-gum, 45
kegeln: jouer aux quilles
(r) Keller (-): la cave, 19
kennen (kannte, gekannt): connaître
kennen lernen: faire la connaissance, 13
(e) Kenntnis (se): la connaissance, 81
(e) Kerze (n): la bougie, 50
(s) Kind (er): l'enfant, 31
(e) Kindheit: l'enfance, 31
(e) Kirche (n): l'église, 76
klappen: marcher, 28
(r) Klappverschluss: le couvercle qui se rabat, 16

klar: clair, évident
(e) Klassenarbeit (en): le devoir surveillé, 65
(s) Klavier (e): le piano, 31
klein: petit, 13
jdn klein machen: humilier qn, 47
klopfen: frapper (à la porte), 79
klug: intelligent, 63
(r) Knopf (¨e): le bouton, 62
kochen: cuisiner, 51
kommen (a,o): venir, 28
(r) König (e): le roi, 95
können: pouvoir, être capable, 14
(r) Kopf (¨e): la tête, 28
(s) Kopfweh: le mal de tête, 19
(s) Kopiergerät (e): le photocopieur, 76
kosten: coûter, 97
(r) Krieg (e): la guerre, 35
kriegen: avoir, 137
(e) Küche (n): la cuisine, 61
(r) Kuchen (-): le gâteau
kühl: frais, 127
(r) Kühlschrank (¨e): le réfrigérateur, 77
sich um jdn kümmern: se soucier, s'occuper de qn, 51
(r) Kunde (n,n): le client, 136
(e) Kundschaft: la clientèle, 136
(e) Kunst (¨e): l'art, 80
(r) Künstler (-): l'artiste, 33
kurz: court, 77

L

lachen: rire, 51
(r) Laden (¨): le magasin, 12
(s) Land (¨er): le pays, 14
(e) Landschaft (en): le paysage, 14
lang: long, 16
langsam: lent, lentement, 65
sich langweilen: s'ennuyer, 20
(r) Lärm: le bruit, 51
jdn im Stich lassen (ä,ie,a): laisser tomber quelqu'un, 136
laufen (äu,ie,au): courir, aller, 12
Es läuft gut: Ça marche bien, 136
laut: fort, 44
(r) Lautsprecher (-): le haut-parleur, 76
(s) Leben (-): la vie, 33
lehrreich: instructif, 93
leicht: facile, 63, léger
leiden (litt, gelitten): souffrir, 94
leider: malheureusement, 93
leihen (ie,ie): prêter, 93
(e) Leine (n): la laisse, 62

leise: doucement, à voix basse, 44
sich etwas leisten: s'offrir qc., 99
lernen: apprendre, 31
lesen (ie,a,e): lire, 16
letzt-: dernier, 12
(pl) Leute: les gens, 14
(s) Lexikon (Lexika): l'encyclopédie, 114
(s) Licht (er): la lumière, 44
liebevoll: affectueux, 63
link-: gauche, 28
(r) Lkw (s): le camion, 51
loben: complimenter, 33
(s) Loch (¨er): le trou, 16
locker: décontracté, 139
Was ist los?: Que se passe-t-il ?, 28
lösen: résoudre, 76
loslassen (ä,ie,a): lâcher qc, 63
(r) Löwe (n,n): le lion, 52
(e) Luft (¨e): l'air, 127
(e) Lust: l'envie, 108
lustig: drôle, 51
sich über jdn lustig machen: se moquer de qn, 34

M

machen: faire, 128
mächtig: le puissant, qui a du pouvoir, 95
(r) Maler (-): le peintre, 33
man: on, 13
manchmal: parfois, 67
(e) Mannschaft (en): l'équipe, 12
(s) Märchen (-): le conte, 95
(s) Material: le matériau, 80
(e) Maus (¨e): la souris, 16
meckern: râler, 123
(s) Meer (e): la mer, 15
(s) Meerschweinchen (-): le cochon d'Inde, 139
mehrere: plusieurs, 108
meinen: penser, 13
meist-: le plus, 110
(r) Meister (-): le maitre, 79
melden: annoncer, 111
sich melden: s'inscrire, se présenter, 135
(r) Mensch (en,en): l'homme, l'être humain, 31
merken: remarquer, 12
(s) Messer (-): le couteau, 12
(e) Metzgerei (en): la boucherie, 12
(e) Mikrowelle: le micro-ondes, 77
(e) Milch: le lait, 60

mit (+dat.): avec, 16
mit|machen: participer, 14
mit|nehmen (*i*,a,o): emporter, 12
(s) Mittelalter: le Moyen-Age, 81
möglich: possible, 97
(r) Mönch (e): le moine, 80
morgen: demain, 67
(r) Morgen (-): le matin, 76
(s) Motorrad (¨er): la moto, 51
müde: fatigué, 35
mühsam: pénible, 80
(r) Mülleimer (-): la poubelle, 138
(e) Mülltonne (n): la poubelle, 16
(s) Müsli: les céréales, 34
müssen: devoir, être obligé, 28
(r) Mut: le courage, 28

N _____

(r) Nachbar (n, n): le voisin, 111
nach|denken (dachte, gedacht): réfléchir, 108
(r) Nachmittag (e): l'après-midi, 19
(e) Nacht (¨e): la nuit, 44
nachts: la nuit, 51
nämlich: en effet, 16
(e) Nase (n): le nez, 44
nass: mouillé, 76
(r) Naturschutz: la protection de la nature, 61
neben (+acc./dat): à côté de, 67
(r) Nebenfluss (¨e): l'affluent, 122
nehmen (*i*,a,o): prendre, 19
nennen (nannte, genannt): nommer, 16
(r) Nerv (en): le nerf, 109
jdm auf die Nerven gehen: énerver qn, 111
neu: neuf, nouveau, 67
nicht einmal: même pas, 16
nicht mehr: ne plus, 13
nichts: rien, 12
niemand: personne, 12
(s) Notenheft (e): la partition, 18
notwendig: nécessaire
nur: seulement, ne... que..., 12
nützlich: utile, 60

O _____

oder: ou, 12
offen: ouvert, 94
oft: souvent, 34
ohne (+acc.): sans, 16
(e) Oma (s): la mamie, 13
(r) Opa (s): le papy, 13
in Ordnung: en bon état de marche, 76

P _____

ein paar: quelques, 14
packen: faire ses bagages, 12, saisir, 96
(e) Packung (en): le paquet, 36
(r) Papagei (en): le perroquet, 61
(e) Partitur (en): la partition, 35
(r) Pass (¨e): le passeport, 12
passen: convenir, 92
passieren: se passer, se produire,13
(e) Pause (n): la pause, la récréation, 84
(e) Persönlichkeit (en): la personnalité, 33
(r) Pfeil (e): la flèche, 48
(s) Pferd (e): le cheval, 102
(e) Pflanze (n): la plante, 61
(e) Pflege: le soin, la garde, 135
pflücken: cueillir, 61
(e) Pfote (n): la patte, 62
(r) Platz (¨e): la place, 47
(r) Pole (n,n): le Polonais, 52
(e) Post: le courrier, 64
Preußen: la Prusse, 95
preußisch: prussien, 95
(e) Probe (n): la répétition, 29
probieren: essayer, 108
(r) Prospekt (e): le prospectus, 15
Prozent: pour cent, 16
(r) Pudel (-): le caniche, 62
pünktlich: ponctuel, à l'heure, 44
putzen: nettoyer, 111

Q _____

quälen: torturer, 60
(r) Quatsch: l'absurdité, 93
(e) Quelle (n): la source, 122

R _____

(r) Rat (Ratschläge): le conseil, 28
raten (*ä*,ie,a): deviner
(s) Rätsel (-): la devinette
(e) Ratte (n): le rat, 139
rauchen: fumer, 44
(r) Raum (¨e): l'espace, la pièce
(e) Raumrakete (n): la fusée spatiale, 78
rechnen: calculer, 65
Recht haben: avoir raison, 13
recht-: droite, 34
über etwas reden: parler de qc., 94
(s) Regal (e): l'étagère, 67
(e) Regel (n): la règle, 45
(r) Regen: la pluie, 12
(r) Regenschirm (e): le parapluie, 12
regieren: régner, 47

regnen: pleuvoir, 51
reich: riche, 80
(e) Reise (n): le voyage, 12
(s) Reisefieber: la fièvre du départ, 12
(r) Reiseproviant: les provisions de voyage, 18
(s) Reiseziel (e): la destination, 14
retten: sauver, 48
eine Rolle spielen: jouer un rôle, 46
(r) Rollstuhl (¨e): le fauteuil roulant, 63
(r) Römer (-): le Romain, 49
(r) Rucksack (¨e): le sac à dos, 12
rufen (ie,u): appeler, 63
(e) Ruhe: le calme, 45
ruhig: calme, 14
rund: rond, 16

S _____

(e) Sache (n): l'affaire, la chose, 13
es satt haben: en avoir marre, 93
sauber: propre, 14
(s) Schach: les échecs, 108
schade!: dommage !, 60
(s) Schaf (e): le mouton, 60
es schaffen: y arriver, 28
schauen: regarder, 12
(e) Scheibe (n): la vitre, 111
scheinen (ie,ie): sembler, 135
jdm etwas schenken: offrir qc à qn, 33
schicken: envoyer, 47
schießen (o,o): tirer, 48
(s) Schiff (e): le bateau, 125
(s) Schild (er): la pancarte, 16
(e) Schildkröte (n): la tortue, 61
mit jdm schimpfen: gronder qn, 115
schlafen (*ä*,ie,a): dormir, 19
schlagen (*ä*,u,a): frapper, battre, 19
(e) Schlange (n): le serpent, 61
schlecht: mauvais, 44
schließlich: finalement
schlimm: grave, 94
(s) Schloss (¨er): le château, 93
(r) Schluss: la fin, 94
(r) Schlüssel (-): la clé, 14
schmecken: avoir bon goût (nourriture)
schmutzig: sale, 111
(e) Schnauze (n): la gueule, 62
(r) Schnee: la neige, 111
schneiden (schnitt, geschnitten): couper, 45

schnell: vite, 12
schon: déjà, 12
(r) Schoß: les genoux, 63
schrecklich: terrible, terriblement, 47
schreiben (ie,ie): écrire, 13
(r) Schreibtisch (e): le bureau, 67
schreien (ie,ie): crier, 96
(r) Schritt (e): le pas, 97
schüchtern: timide, 94
(r) Schuh (e): la chaussure, 12
(r) Schulleiter (-): le directeur d'école, 36
schummeln: tricher, 108
schützen: protéger, 60
(e) Schwäche (n): la faiblesse, 60
(s) Schwein (e): le cochon, 60
(r) Schweizer (-): le Suisse, 13
schwer: difficile, 31
(e) Schwester (n): la sœur, 20
(e) Schwierigkeit (en): la difficulté, 31
schwimmen (a,o): nager, 115
sehen (ie,a,e): voir, 19
sehr: très, 13
seit (+dat.): depuis, 48
(e) Seite (n): le côté, la page, 16
selbst: soi-même, 31
(e) Sendung (en): l'émission, 77
sich setzen: s'asseoir, 67
sitzen (a,e): être assis
(e) Socke (n): la soquette, 18
sofort: immédiatement
(r) Sohn (¨e): le fils, 31
solch-: tel, 111
sollen: devoir, 12
(r) Sommer: l'été, 51
sondern: mais, 79
(e) Sonne: le soleil, 51
(e) Sorge (n): le souci, 14
sowieso: de toutes façons, 15
spannend: palpitant, 97
sparen: épargner, 20
(r) Spaß (¨e): l'amusement, 94
spät: tard, 36
spazieren gehen: se promener, 67
(r) Speisesaal (-säle): la salle à manger, 51
spielen: jouer, 29
(e) Spinne (n): l'araignée, 60
spinnen: être fou, 60
(r) Sportler (-): le sportif, 33
(e) Sprache (n): la langue, 31
mit jdm sprechen (i,a,o): parler à qn, 19
springen (a,u): sauter, 63

das Geschirr spülen: laver la vaisselle, 138
(e) Spur (en): la trace, 79
(e) Stadt (¨e): la ville, 31
staunen: s'étonner, 139
(e) Stelle (n): l'emploi, la place, 35
sterben (i,a,o): mourir, 48
(r) Stern (e): l'étoile, 77
Es stimmt: C'est vrai, 12
auf jdn stolz sein: être fier de qn, 31
stören: déranger, 111
(e) Straße (n): la rue, 34
(e) Strafe (n): la punition, 48
(r) Streich (e): le tour, 136
jdm einen Streich spielen: jouer un tour à qn, 44
streicheln: caresser, 63
(r) Streit (e): la querelle, 94
sich streiten (i,i): se quereller, 94
streng: sévère, 31
(s) Stück (e): le morceau, 31
(e) Stufe (n): la marche d'escalier, 31
(r) Stuhl (¨e): la chaise, 44
(e) Stunde (n): l'heure, 19
(e) Süßigkeit (en): la sucrerie, 13
suchen: chercher, 14

T _____

(e) Tablette (n): le comprimé, 19
(r) Tag (e): le jour, 18
(e) Tasche (n): le sac, 19, la poche
(r) Taschenrechner (-): la calculatrice de poche, 65
(e) Tatsache, dass: le fait que, 126
etwas teilen: partager qc., 136
(r) Teppich (e): le tapis, 139
teuer: cher, 13
(r) Teufel: le diable, 80
tief: profond, 122
(e) Tiefe (n): la profondeur, 122
(s) Tier (e): l'animal, 60
(r) Tierarzt (¨e): le vétérinaire, 64
(r) Tipp (s): le conseil, 30
(r) Tisch (e): la table, 67
(r) Titel (-): le titre, 76
(e) Tochter (¨): la fille, 35
(r) Tod (e): la mort
toll: formidable, 67
töten: tuer, 48
tragen (ä,u,a): porter, 19
traurig: triste, 51
sich treffen (i,a,o): se rencontrer, 19
treffen (i,a,o): atteindre, 48
treten (i,a,e): entrer, 19

mit dem Fuß treten (i,a,e): écraser du pied, 60
trocknen: sécher, 80
trotzdem: malgré tout, 123
(s) Tuch (¨er): le tissu, 18
tun (tat, getan): faire, 14
(e) Tür (en): la porte, 62
(e) Tyrannei: la tyrannie, 47

U _____

überall: partout, 61
überlegen: réfléchir
(e) Übernachtung (en): la nuitée, 14
überraschen: surprendre, 96
übersetzen: traduire, 97
überzeugen: persuader, 139
übrigens: du reste, 13
(e) Uhr (en): la montre, 13
um die 50 DM: environ 50 marks, 13
(e) Umfrage (n): l'enquête, le sondage, 14
(e) Umgebung: les environs, 14
(e) Umwelt: l'environnement, 60
(e) Unabhängigkeit: l'indépendance, 48
unangenehm: désagréable, 92
unbedingt: absolument, 29
undankbar: ingrat, 80
unerwartet: inattendu
ungefähr: environ, 97
ungepflegt: pas soigné, 46
unter anderem: entre autres, 126
unterbringen (brachte, gebracht): héberger, 137
(s) Untergeschoss: le sous-sol, 63
sich mit jdm unterhalten (ä,ie,a): parler avec qn, 95
unternehmen (i,a,o): entreprendre, 123
(r) Unterricht: le cours, 31
jdn in etwas unterrichten: enseigner qc à qn, 31
unterschiedlich: différent
unterwegs: en chemin (vers)
unverschämt: effronté, impertinent, 46
(r) Urlaub: le congé, 14
usw: etc, 14

V _____

(r) Vater (¨): le père, 31
mit jdm verabredet sein: avoir un rendez-vous avec qn, 115
verändern: changer, 79

verantwortlich: responsable, 123
verbinden (a,u): lier, 94
verbringen (verbrachte, verbracht): passer (du temps), 94
verdammt: satané, 80
jdm etwas verdanken: devoir qc. à qn, 78
verdienen: gagner, 52, mériter
(r) Verein (e): l'association, 112
vergessen (i,a,e): oublier, 13
vergleichen (i,i): comparer, 124
verhandeln: négocier, 112
(e) Verkäuferin (nen): la vendeuse, 63
etwas von jdm verlangen: exiger qc. de qn, 44
verlassen (ä,ie,a): quitter, 126
sich auf jdn verlassen (ä,ie,a): compter sur qn, 29
verletzen: blesser, 48
verlieren (o,o): perdre, 80
verpflichten: obliger, 92
verreisen: partir en voyage, 13
verrückt: fou, 111
sich versammeln: se réunir, 47
verschieden: différent, 16
verschmutzt: pollué, 123
versetzt werden: passer dans la classe supérieure, 138
sich mit jdm versöhnen: se réconcilier avec qn, 94
versprechen (i,a,o): promettre, 15
Verständnis für jdn haben: être plein de compréhension pour qn.
sich verstecken: se cacher, 36
verstehen (a,a): comprendre, 93
(r) Versuch (e): l'essai, 79
versuchen: essayer, 28
die Verwandten: la famille, 139
verwöhnen: gâter, 138
verzeihen (ie,ie): excuser, 92
vielleicht: peut-être, 13
(s) Viertel (-): le quartier, 112
(r) Vogel (¨): l'oiseau, 61
(s) Volk (¨er): le peuple, 47
(r) Volkskundler (-): l'ethnologue, 21
vor: avant, 19

auf etwas vor|bereitet sein: être prêt à qc.
vor|lesen (ie,a,e): lire à haute voix, 123
(r) Vorschlag (¨e): la proposition, 14
Vorsicht!: attention !, 111
vorsichtig: prudent, prudemment, 63
sich vor|stellen: se présenter, 21
(e) Vorstellung (en): la conception, 108
sich etwas vor|stellen: s'imaginer, 76
vor|schlagen (ä,u,a): proposer qc à qn, 44
vor|werfen (i,a,o): reprocher

W

wählen: choisir, voter, 92
wahr: vrai, 60
während: pendant, 46
(r) Wald (¨er): la forêt, 114
wann: quand, 17
warm: chaud, 77
warum: pourquoi, 12
waschen (ä,u,a): laver
(s) Wasser: l'eau, 114
(r) Wasserfall (¨e): la chute, 122
(r) Weg (e): le chemin, 50
weg sein: être parti, 65
weg|jagen: chasser, 112
weg|werfen (i,a,o): jeter, 97
jdm weh tun: faire mal à qn, 82
(e) Welt: le monde, 67
wenig: peu, 93
(e) Werbung: la publicité, 15
werfen (i,a,o): jeter, lancer, 96
(s) Werk (e): l'œuvre, 31
(e) Werkstatt (¨e): l'atelier, 79
wertvoll: précieux, 61
wichtig: important, 14
wie viel(e): combien, 14
Widerstand leisten: résister, 49
wieso...: comment se fait-il... ?, 29
wild: sauvage, 45
(r) Winter: l'hiver, 67

wissen (wusste, gewusst): savoir, 12
(r) Witz (e): la plaisanterie, 94
(e) Woche (n): la semaine, 29
(s) Wochenende (n): le week-end, 67
wohin: où, 12
wohnen: habiter, 14
(s) Wörterbuch (¨er): le dictionnaire, 65
wunderbar: formidable, 33
(s) Wunderkind (er): l'enfant prodige, 31
sich etwas wünschen: souhaiter, 112
(e) Wurst (¨e): la charcuterie, la saucisse, 20
(e) Wut: la rage, 96
wütend: en rage

Z

(e) Zahl (en): le chiffre, 123
zahlen: payer, 63
zählen: compter, 124
(r) Zahn (¨e): la dent, 62
(e) Zahnbürste (n): la brosse à dents, 12
(e) Zahnpasta: le dentifrice, 12
(e) Zauberflöte: la Flûte enchantée, 22
(r) Zaun (¨e): la palissade, 112
zeigen: montrer, 16
(e) Zeit (en): le temps, 29
(e) Zeitung (en): le journal, 76
(r) Zettel (-): la fiche
zielen: viser, 109
(s) Zimmer (-): la chambre, pièce, 17
zu (viel): trop (de), 12
zuerst: d'abord, 80
zufrieden (i,a): satisfait, 20
(r) Zug (¨e): le train, 16
zurück|gehen: reculer, 110
zurück|kommen (a,o): revenir, 81
zurück|zahlen: rembourser, 80
zusammen: ensemble, 29
zwar... aber...: certes..., mais..., 94

LEXIQUE français–allemand

A

à, dans : in (+acc./dat.), 16
l'abeille : (e) Biene (n), 60
aboyer : bellen, 62
absolument : unbedingt, 27
accepter : akzeptieren, 94
accompagner : begleiten, 63
être d'accord : einverstanden sein, 96
accrocher : aus|hängen, 31
accueillir : auf|nehmen (i,a,o), 13
l'achat : (r) Einkauf (¨e), 12
acheter : kaufen, 13
l'admiration : (e) Bewunderung (en), 126
adulte : erwachsen
l'affaire, la chose : (e) Sache (n), 13
les affaires de toilette : (s) Badezeug, 13
affectueux : liebevoll, 63
agir : handeln, 123
l'aide : (e) Hilfe (n), 29
aider qn : jdm helfen (i,a,o), 12
l'air : (e) Luft (¨e), 127
avoir l'air : aus|sehen (ie,a,e), 16
l'alcool : (r) Alkohol, 44
aller : gehen (i,a), 13
aller chercher : holen, 19
allumer : an|machen, 64
ambitieux : ehrgeizig, 31
l'ami : (r) Freund (e), 14
l'amitié : (e) Freundschaft, 91
l'amusement : (r) Spaß (¨e), 92
l'animal : (s) Tier (e), 60
l'année : (s) Jahr (e), 31
l'anniversaire : (r) Geburtstag (e), 115
l'appareil : (r) Apparat (e), 78
appartenir à qn : jdm gehören, 125
appeler : rufen (ie,u), 63
appeler qn au téléphone : jdn an|rufen (ie,u), 13
appliqué : fleißig, 96
apporter : bringen (brachte, gebracht), 19
apprendre : erfahren (ä,u,a), 16, lernen, 29
appuyer : drücken, 62
l'après-midi : (r) Nachmittag (e), 19
l'araignée : (e) Spinne (n), 60
l'argent : (s) Geld, 13
arrêter de faire qc. : mit etwas auf|hören, 60
arriver : an|kommen (a,a), 16
y arriver : es schaffen, 28
l'art : (e) Kunst (¨e), 79
l'artiste : (r) Künstler (-), 33
l'ascenseur : (r) Fahrstuhl (¨e), 63
s'asseoir : sich setzen, 67
assez : genug, 12
l'association : (r) Verein (e), 112
l'atelier : (e) Werkstatt (¨e), 79
atteindre : treffen (i,a,o), 48
attendre qn./qc : auf jdn/etwas warten, etwas erwarten, 15
Attention ! : Achtung!, 15, Vorsicht !, 111
faire attention à qn/qc. : auf jdn/etwas auf|passen, 13
l'auberge de jeunesse : (e) Jugendherberge (n), 19
aujourd'hui : heute, 84
l'auto : (s) Auto (s)
l'automne : (r) Herbst
autoritaire : autoritär, 31
autre : ander-, 14
avant : vor (+dat.), 19
avec : mit (+dat.), 16
l'avion : (s) Flugzeug (e), 78

B

faire ses bagages : packen, 13
se baigner : baden, 14
le bateau : (s) Schiff (e), 127
bâtir : bauen, 79
le bébé : (s) Baby (s), 13
avoir besoin de qn/qc. : jdn/etwas brauchen, 12
bête : blöd, 29
la bêtise : (r) Blödsinn, 136, (r) Quatsch, 93
la bible : (e) Bibel (n), 79
la bière : (s) Bier (e), 20
blesser : verletzen, 48
la boisson : (s) Getränk (e), 12
la boite aux lettres : (r) Briefkasten (¨), 64
bon marché : billig, 93
la boucherie : (e) Metzgerei (en), 12
la bougie : (e) Kerze (n)
la boulangerie : (e) Bäckerei (en), 12
le bouton : (r) Knopf (¨e), 62
bricoler : basteln, 77
briller : scheinen (ie,ie)
la brosse à dents : (e) Zahnbürste (n), 12
le bruit : (r) Lärm, 139
brun : braun, 67
bruyant : laut, 44
le bureau (meuble) : (r) Schreibtisch (e), 68
le bus : (r) Bus (se), 20

C

se cacher : sich verstecken, 92
le cadeau : (s) Geschenk (e), 35
calculer : rechnen, 65
le calme : (e) Ruhe, 45
calme : ruhig, 14
se calmer : sich beruhigen, 62
le camion : (r) Lkw (s), 51
caresser : streicheln, 63
se casser qc. : sich etwas brechen (i,a,o), 94
casser qc. : etwas kaputt machen, 112
la cave : (r) Keller (-), 19
célèbre : berühmt, 33
certes..., mais... : zwar..., aber..., 94
la chaise : (r) Stuhl (¨e), 44
la chambre, la pièce : (s) Zimmer (-), 17
avoir de la chance : Glück haben, 139
changer : verändern, 79
le chantier de construction : (s) Baugelände, 112
le chapeau : (r) Hut (¨e), 47
chaque : jed-, 13
la charcuterie, saucisse : (e) Wurst (¨e)
chasser : jagen, 112
le chat : (e) Katze (n), 67
le château : (s) Schloss (¨er), 93
chaud : warm, 77, heiß, 136
la chaussure : (r) Schuh (e), 12
le chef d'orchestre : (r) Dirigent (en,en), 44
le chemin : (r) Weg (e), 50
la chemise : (s) Hemd (en), 12
cher : teuer, 13
chercher : suchen, 14
le cheval : (s) Pferd (e), 50
le(s) cheveu(x) : (s) Haar (e), 45
le chewing-gum : (r) Kaugummi (s), 45
chez : bei/zu (+dat.), 16
le chien : (r) Hund (e), 62
le chiffre : (e) Zahl (en), 123
le chocolat : (e) Schokolade, 13
choisir : aus|suchen, 124, wählen, 92
la chose : (e) Sache (n), 138
le ciel : (r) Himmel, 77
clair, évident : klar, 138
la clé : (r) Schlüssel (-), 44
le cliché : (s) Klischee (s), 15
le client : (r) Kunde (n,n), 138
le climat : (s) Klima, 14

le cochon : (s) Schwein (e), 60
le cochon d'Inde :
    (s) Meerschweinchen (-), 139
par cœur : auswendig, 29
la coiffure : (e) Frisur (en), 45
le coin : (e) Ecke (n), 112
en colère : böse, wütend, 94
le combat : (r) Kampf (¨e), 48
combattre : kämpfen, 47
combien : wie viel(e), 13
commencer : an|fangen (ä,i,a), 31
Comment se fait-il... ? : Wieso...?, 29
le commerçant : (r) Kaufmann (Kaufleute), 80
le compagnon : (r) Geselle (n,n), 79
comparer qc. à qc. : etwas mit etwas vergleichen (i,i), 124
le compliment :
    (s) Kompliment (e), 29
comprendre : verstehen (a,a), 93
le comprimé : (e) Tablette (n), 19
compter : zählen, 124
compter sur qn : sich auf jdn verlassen (ä,ie,a), 29
le concert : (s) Konzert (e), 12
le concierge : (r) Hausmeister (-), 112
confortable : bequem, 84
le congé : (r) Urlaub, 14
faire la connaissance de qn : jdn kennen lernen, 13
connaître : kennen (kannte, gekannt), 13
connu : bekannt, 31
le conseil : (r) Rat (Ratschläge), (r) Tipp (s), 30
le conte : (s) Märchen (-), 95
au contraire : im Gegenteil
contre : gegen (+acc.), 44
la conversation : (s) Gespräch (e), 94
à côté de : neben (+acc./dat.), 67
couler : fließen (o,o), 122
le coup de fil : (r) Anruf (e), 46
couper : schneiden (schnitt, geschnitten), 45
la cour : (r) Hof (¨e), 33
le courage : (r) Mut, 28
courir, aller : laufen (äu,ie,au), 12
le courrier : (e) Post, 64
le cours : (r) Unterricht, 31
faire les courses : ein|kaufen, 63
court : kurz, 77
le couteau : (s) Messer (-), 12
coûter : kosten, 97
crier : schreien (ie,ie), 96
croire : glauben, 13
cueillir : pflücken, 61
cuire au four : backen
la cuisine : (e) Küche (n), 61
cuisiner : kochen, 51

D

d'abord : zuerst, 80
dangereux : gefährlich, 77
le début : (r) Anfang (¨e), 80
la déception :
    (e) Enttäuschung (en), 15
décidé : entschlossen, 112
décider : beschließen (o,o), 50
décontracté : locker, 139
découvrir : entdecken, 93
décrire : beschreiben (ie,ie), 17
déçu : enttäuscht, 15
dehors : draußen, 20
déjà : schon, 12
demain : morgen, 84
demander à qn : jdn fragen, jdn um etwas bitten, 108
la dent : (r) Zahn (¨e), 62
le dentifrice : (e) Zahnpasta, 12
dépendre de qn / de qc. :
    von jdm/etwas ab|hängen
dépenser : aus|geben (i,a,e), 14
depuis : seit (+dat.), 48
déranger : stören, 111
dernier : letzt-, 12
désagréable : unangenehm, 92
la destination : (s) Reiseziel (e), 14
deviner : raten (ä,ie,a)
la devinette : (s) Rätsel (-)
devoir : sollen, müssen, 12
devoir qc. à qn : jdm etwas verdanken, 78
le dictionnaire :
    (s) Wörterbuch (¨er), 65
différent : unterschiedlich, verschieden, 16
difficile : schwer, 31
la difficulté :
    (e) Schwierigkeit (en), 31
le directeur d'école :
    (r) Schulleiter (-), 36
discuter de qc. : etwas besprechen (i,a,o), 94
dommage ! : schade!, 60
donner : geben (i,a,e), 19
dormir : schlafen (ä,ie,a), 19
doucement, à voix basse : leise, 44
doué : begabt, 27
droit : recht-
drôle : lustig, 51

E

l'eau : (s) Wasser, 114
échanger : aus|tauschen, 95
écraser du pied : mit dem Fuß treten (i,a,e), 60
écrire : schreiben (ie,ie), 13
éduquer : erziehen (o,o), 96
effronté, impertinent : frech, 45, unverschämt, 46
l'église : (e) Kirche (n), 76
élire, choisir : wählen, 126
éloigné : entfernt
embêter qn : jdn ärgern, 44
l'émission : (e) Sendung (en), 77
l'empereur : (r) Kaiser (-), 47
l'emploi, place : (e) Stelle (n), 35
emporter : mit|nehmen (i,a,o), 12
énerver qn : jdm auf die Nerven gehen, 111
l'enfance : (e) Kindheit, 31
l'enfant : (s) Kind (er), 31
l'enfant prodige :
    (s) Wunderkind (er), 29
l'ennemi : (r) Feind (e), 95
s'ennuyer : sich langweilen, 20
ennuyeux : langweilig
l'enquête, le sondage :
    (e) Umfrage (n), 14
enseigner qc. à qn : jdn in etwas unterrichten, 31
ensemble, en commun : zusammen, 28, gemeinsam, 47
enthousiaste : begeistert, 76
entre autres : unter anderem, 126
entreprendre : unternehmen (i,a,o), 123
entrer : treten (i,a,e), 19
envers quelqu'un : jdm gegenüber, 126
l'envie : (e) Lust, 108
environ : ungefähr, 97
l'environnement : (e) Umwelt, 60
les environs : (e) Umgebung, 14
envoyer : schicken, 47
épargner : sparen, 20
à l'époque : damals, 31
l'équipe : (e) Mannschaft (en), 112
espérer qc. : auf etwas hoffen, 95, etwas erwarten, 115
l'espoir : (e) Hoffnung (en), 112
l'esprit : (r) Geist (er), 112
l'essai : (r) Versuch (e), 79
essayer : probieren, 108, versuchen, 28
l'étagère : (s) Regal (e)
etc : usw, 14

l'été : (r) Sommer, 51
éternel : ewig, 123
l'étoile : (r) Stern (e), 77
s'étonner : staunen, 139
étranger : fremd, 112
à l'étranger : in der Fremde, 35
l'étranger (pays) : (s) Ausland, 36
être fier de qn : auf jdn stolz sein, 31
étroit : eng
l'Europe : Europa, 35
l'Européen : (r) Europäer (-), 15
européen : europäisch, 122
exact, exactement : genau, 79
l'excursion : (r) Ausflug (¨e), 12
l'excuse, pardon :
  (e) Entschuldigung (en), 108
s'excuser : sich entschuldigen, 111
excuser : verzeihen (ie,ie), 92
l'exemple : (s) Beispiel (e), 78
par exemple : zum Beispiel
exercer une profession : einen Beruf aus|üben, 126
exiger qc de qn : etwas von jdm verlangen, 44
expliquer : erklären, 80
exprimer : aus|drücken, 126

F _____

facile : leicht, 63
la faiblesse : (e) Schwäche (n), 60
avoir faim : hungern, 16
faire : machen, 28, tun (tat, getan), 14
le fait que... : (e) Tatsache, dass..., 126
la famille : (e) Familie (n), 33, die Verwandten (pluriel), 139
le fantôme : (s) Gespenst (er), 81
fatigué : müde, 35
la faute : (r) Fehler (-), 29
le fauteuil roulant :
  (r) Rollstuhl (¨e), 63
féliciter qn : jdm gratulieren, 33, jdn beglückwünschen, 137
la feuille : (s) Blatt (¨er), 80
la fiche : (r) Zettel (-), 35
la fille : (e) Tochter (¨), 35
le fils : (r) Sohn (¨e), 31
la fin : (s) Ende (n), 97, (r) Schluss, 94
finalement : schließlich
flâner : bummeln, 94
la flèche : (r) Pfeil (e), 48
la fleur : (e) Blume (n), 36
le fleuve : (r) Fluss (¨e), 122

fonctionner : funktionieren, 76
la forêt : (r) Wald (¨er), 114
formidable : toll, 67, wunderbar, 33
être fou : spinnen, 60, verrückt sein, 111
frais : kühl, 127
le Français : (r) Franzose (n,n), 15
français : französisch, 16
la France : Frankreich, 16
frapper (à la porte) : klopfen, 79
les frères et sœurs :
  die Geschwister (pl.), 94
froid : kalt, 77
le fromage : (r) Käse, 16
la frontière : (e) Grenze (n), 17
fuir : fliehen (o,o), 95
fumer : rauchen, 44

G _____

gagner : gewinnen (a,o), 14
gagner, mériter : verdienen, 52
le garçon : (r) Junge (n,n), 18
garder : hüten, 62
la gare : (r) Bahnhof (¨e), 16
le gâteau : (r) Kuchen (-)
gâter : verwöhnen, 138
gauche : link-, 28
la Gaule : Gallien, 49
les gens : die Leute (pl.), 14
la glace : (s) Eis, 77
grand : groß
grave : schlimm, 94
gronder qn : mit jdm schimpfen, 115
gros : dick, 60
la guerre : (r) Krieg (e), 35
la gueule : (e) Schnauze (n), 62

H _____

habile : geschickt, 109
s'habiller : sich an|ziehen (o, o), 45
l'habitant : (r) Bewohner (-), 47, (r) Einwohner (-), 124
habiter : wohnen, 14
l'habitude : (e) Gewohnheit (en), 16
s'habituer à qc : sich an etwas gewöhnen, 108
handicapé : behindert, 63
le haut-parleur :
  (r) Lautsprecher (-), 76
la hauteur : (e) Höhe (n), 122
l'heure : (e) Stunde (n), 19
heureux : glücklich, 60
hier : gestern, 19
l'histoire : (e) Geschichte (n), 47
l'hiver : (r) Winter, 67
l'homme, l'être humain :
  (r) Mensch (en,en), 31

les horaires : (r) Fahrplan (¨e), 17
horrifié : entsetzt, 136
humilier qn : jdn klein machen, 47

I _____

n'avoir aucune idée : keine Ahnung haben, 96
l'idée : (e) Idee (n), 79, (r) Gedanke (n,n), 95
chercher une idée : sich etwas ein|fallen lassen (ä,ie,a), 136
il y a : es gibt (a,e)
l'île : (e) Insel (n), 35
l'image, la photo : (s) Bild (er), 92
s'imaginer : sich etwas vor|stellen, 76
immédiatement : sofort
important : wichtig, 14
inattendu : unerwartet
inhumain : unmenschlich, 48
l'instant : (r) Augenblick (e), 136
instructif : lehrreich, 93
l'instrument : (s) Instrument (e), 31
intelligent : klug, 63
s'intéresser à qn/qc. : sich für jdn/etwas interessieren, 31
l'invention : (e) Erfindung (en), 76
inventer : erfinden (a,u)
ironique : ironisch, 97

J _____

la jambe : (s) Bein (e), 62
le jardin : (r) Garten (¨), 63
le jeans : (e) Jeans, 45
jeter : werfen (i,a,o), 96, schmeißen (i,i)
le jeu de société :
  (s) Gesellschaftsspiel (e), 108
adolescent : jugendlich, 94
la jeunesse : (e) Jugend, 138
joli : hübsch, 99
jouer : spielen, 29
le jour : (r) Tag (e), 18
le journal : (e) Zeitung (en), 76
le journaliste :
  (r) Journalist (en,en), 33
les jumelles : (s) Fernglas (¨er), 77
jurer : schwören (o,o), 47
jusqu'à : bis, 82
juste : richtig, 17
la justice : (e) Gerechtigkeit, 95

L _____

là-bas : dort, 14
lâcher qc. : etwas los|lassen (ä,ie,a), 63
la laisse : (e) Leine (n), 62

ne pas se laisser faire : sich etwas nicht gefallen lassen, 45
le lait : (e) Milch, 60
la lampe de poche : (e) Taschenlampe (n), 12
la langue : (e) Sprache (n), 31
le latin : (s) Latein, 96
laver : waschen (ä,u,a)
laver la vaisselle : das Geschirr spülen, 138
lent, lentement : langsam, 65
la lettre (imprimerie) : (r) Buchstabe (ns, n), 80,
la lettre : (r) Brief (e)
se lever : auf|stehen (a,a), 52
la libération : (e) Befreiung, 49
la librairie : (e) Buchhandlung (en), 12
libre : frei, 47
se lier d'amitié avec qn : sich mit jdm befreunden, 94
le lion : (r) Löwe (n, n), 52
lire : lesen (ie,a,e), 16
le lit : (s) Bett (en), 14
la loi : (s) Gesetz (e), 47
long : lang, 16
la lumière : (s) Licht (er), 64
les lunettes : (e) Brille (n), 19
le lycée : (s) Gymnasium (-sien), 84

M

la machine : (e) Maschine (n), 77
le magasin : (s) Geschäft (e), 112, (r) Laden (¨)
la main : (e) Hand (¨e), 28
mais : aber, sondern, 79
la maison : (s) Haus (¨er), 31, (zu Hause sein, nach Hause gehen)
le maitre : (r) Meister (-), 79, (s) Herrchen (-), 63
faire mal à qn : jdm weh tun, 82
le mal de tête : (s) Kopfweh, 19
le mal du pays : (s) Heimweh, 35
malgré tout : trotzdem, 123
malheureusement : leider, 93
manger : essen (i,a,e), 113, (pour les animaux) : fressen, 65
manquer : fehlen, 44
ça marche bien : es läuft gut, es klappt, 28
la marche d'escalier : (e) Stufe (n), 31
en avoir marre : es satt haben, 94
la matière : (s) Fach (¨er), 31
le matin : (r) Morgen (-), 76
mauvais : schlecht, 44

le médecin : (r) Arzt (¨e), 111
meilleur : best-, 60
le mél : (e) E-Mail (s), 94
la mémoire : (s) Gedächtnis, 29
la mer : (s) Meer (e), 15
dans quelle mesure : inwiefern, 48
le métier : (r) Beruf (e), 33
le micro-ondes : (e) Mikrowelle, 77
mieux : besser, 12
le moine : (r) Mönch (e), 81
le moment : (r) Augenblick (e), 60, (r) Moment (e), 12
le monde : (e) Welt, 67
le tiers monde : (e) Dritte Welt, 67
la montagne : (r) Berg (e), 14
la montre : (e) Uhr (en), 13
montrer : zeigen, 16
se moquer de qn : sich über jdn lustig machen, 34
le morceau : (s) Stück (e), 31
la mort : (r) Tod (e), 33
le moteur : (r) Motor (en), 78
la moto : (s) Motorrad (¨er), 51
mouillé : nass, 76
mourir : sterben (i,a,o), 48
le mouton : (s) Schaf (e), 60
jouer de la musique : musizieren, 76

N

nager : schwimmen (a,o), 115
la naissance : (e) Geburt (en), 31
la nature : (e) Natur, 20
nécessaire : notwendig, 78
la neige : (r) Schnee, 111
nerveux : nervös, 29
nettoyer : putzen, 111
neuf, nouveau : neu, 67
le nez : (e) Nase (n), 44
nommer : nennen (nannte, genannt), 16
la nuit : (e) Nacht (¨e), 44

O

obéir : jdm gehorchen, 48
obéissant : gehorsam, 63
l'objet : (r) Gegenstand (¨e), 77
observer : beobachten, 77
obstiné : hartnäckig, 31
obtenir, recevoir : bekommen (a,o), 66
occuper (un pays) : besetzen, 49
s'occuper de qc. : sich mit etwas beschäftigen, 94, sich um etwas kümmern
l'œuf : (s) Ei (er), 18

l'œuvre : (s) Werk (e), 31
s'offrir : sich etwas leisten, 99
offrir qc. à qn : jdm etwas schenken, 33
l'oiseau : (r) Vogel (¨), 61
on : man, 14
l'ordinateur : (r) Computer (-), 94
oublier : vergessen (i,a,e), 14
l'ours : (r) Bär (en, en), 52
ouvert : offen, 94
ouvrir : auf|machen, 62, öffnen

P

le pain : (s) Brot (e), 12
le petit-pain : (s) Brötchen (-), 16
la palissade : (r) Zaun (¨e), 112
palpitant : spannend, 97
la pancarte : (s) Schild (er), 17
le pantalon : (e) Hose (n), 18
le papier : (s) Papier (e), 80
le parapluie : (r) Regenschirm (e), 12
le parc : (r) Park (s), 76
les parents : die Eltern (pl), 14
paresseux : faul, 67
parfois : manchmal, 67
parler à qn : mit jdm sprechen (i,a,o), 19, sich mit jdm unter halten (ä,ie,a), 95
parler de qc. : über etwas reden/sprechen, 94
partager qc. : etwas teilen, 136
être parti : weg sein, 65
participer : mit|machen, 14
partir : ab|fahren (ä,u,a), 17
la partition : (s) Notenheft (e), 18, (e) Partitur (en), 35
partout : überall, 61
le pas : (r) Schritt (e), 97
le passeport : (r) Pass (¨e), 12
se passer, se produire : passieren, 13, geschehen (ie,a,e), 81
Qu'est-ce qui se passe ? : Was ist los?
passer (du temps) : verbringen (verbrachte, verbracht), 94
la patience : (e) Geduld, 93
la patte : (e) Pfote (n), 62
la pause, la récréation : (e) Pause (n), 84
pauvre : arm, 62
payer : zahlen, 63
le pays : (s) Land (¨er), 14
le paysage : (e) Landschaft (en), 14
se peigner : sich kämmen, 45
le peintre : (r) Maler (-), 33

la pellicule : (r) Film (e), 12
pendant : während (+gén.), 46
penser : meinen, 13
penser à qn/qc. : an etwas/jdn denken (dachte, gedacht), 13
penser qc. de qc./de qn : etwas von etwas/jdm halten (ä,ie,a), 77
perdre : verlieren (o,o), 80
le père : (r) Vater (¨), 31
le perroquet : (r) Papagei (en), 61
la personnalité :
    (e) Persönlichkeit (en), 33
personne : niemand, 31
la personne : (e) Person (en), 77
persuader : überzeugen, 139
petit : klein, 13
le petit-déjeuner : (s) Frühstück, 19
un peu : ein bisschen, 111
peu : wenig, 77
le peuple : (s) Volk (¨er), 47
la peur : (e) Angst (¨e), 137
avoir peur de : vor etwas/jdm Angst haben, 60
peut-être : vielleicht, 13
la pharmacie : (e) Apotheke (n), 12
le piano : (s) Klavier (e), 31
la pile : (e) Batterie (n), 12
le pique-nique : (s) Picknick (s), 12
la place : (r) Platz (¨e), 47
plaire à qn : jdm gefallen (ä,ie,a), 45
la plaisanterie : (r) Witz (e), 94
la plante : (e) Pflanze (n), 61
pleuvoir : regnen, 51
la pluie : (r) Regen, 12
le plus de : die meisten (pl.)
plusieurs : mehrere, 108
le poème : (s) Gedicht (e), 95
le poison : (s) Gift, 60
le poisson : (r) Fisch (e), 137
pollué : verschmutzt, 123
la pomme : (r) Apfel (¨), 48
ponctuel, à l'heure : pünktlich, 44
le pont : (e) Brücke (n), 114
le port : (r) Hafen (¨), 124
la porte : (e) Tür (en), 62
porter : tragen (ä,u,a), 19
possible : möglich, 97
la poubelle : (r) Mülleimer (-), 138, (e) Mülltonne (n), 16
la poule : (s) Huhn (¨er), 60
pour : für (+ acc.), 14
pour cent : Prozent, 14
pourquoi : warum, 12
pouvoir, avoir la permission : dürfen, 20
pouvoir, être capable : können, 14

précieux : wertvoll, 60
prendre : nehmen (i,a,o), 19
être prêt à : auf etwas vor|bereitet sein
prêter : leihen (ie,ie), 94
le prince : (r) Fürst (en,en), 96
le printemps : (r) Frühling
la prison : (s) Gefängnis (se), 95
être en prison : im Gefängnis sitzen (saß, gesessen), 95
le problème : (s) Problem (e), 28
le procès : (r) Prozess (e), 80
profond : tief, 122
la profondeur : (e) Tiefe (n), 122
le progrès : (r) Fortschritt (e), 80
le projet : (s) Projekt (e), 94
se promener : spazieren gehen, 67
promettre : versprechen (i,a,o), 12
proposer qc à qn : jdm etwas an|bieten (o,o), 44, vor|schlagen (ä,u,a), 44
la proposition : (r) Vorschlag (¨e), 14
propre : sauber, 14
le prospectus : (r) Prospekt (e), 12
la protection de la nature :
    (r) Naturschutz, 61
protéger : schützen, 60
prudent, prudemment : vorsichtig, 63
la Prusse : Preußen, 95
prussien : preußisch, 95
le public : (s) Publikum, 46
la publicité : (e) Werbung, 15
la punition : (e) Strafe (n), 48

Q

quand ? : wann?, 17
le quartier : (s) Viertel (-), 112
quelques : einige, 12, ein paar, 14
la querelle : (r) Streit (e), 94
se quereller : sich streiten (i,i), 94
poser une question à qn :
    jdm eine Frage stellen
question : Es kommt nicht in Frage kommen, 44
quitter : verlassen (ä,ie,a), 126

R

raconter : erzählen, 16
la raison : (r) Grund (¨e), 97
avoir raison : Recht haben, 13
râler : meckern, 123
ramasser : heben (o,o), 16
ranger : auf|räumen, 138

se rappeler qc./qn : sich an etwas/jdn erinnern, 45
le rat : (e) Ratte (n), 139
faire de la recherche : forschen, 138
réagir : reagieren, 44
se réconcilier : sich mit jdm versöhnen, 94
reconnaissant : dankbar, 63
reconnaître : erkennen (erkannte erkannt), 17
reculer : zurück|gehen (i,a), 110
réfléchir : nach|denken (dachte, gedacht), 108, überlegen
le réfrigérateur :
    (r) Kühlschrank (¨e), 77
regarder : gucken, 111, schauen, 12
regarder qc/qn : sich etwas/jdn an|schauen, 14
la région : (e) Gegend (en), 14
la règle : (e) Regel (n), 45
le règlement intérieur :
    (e) Hausordnung (en), 61
régner : herrschen, 126, regieren, 47
se réjouir : sich auf etwas/über etwas freuen, 13
religieux : religiös, 95
la remarque : (e) Bemerkung (en), 60
remarquer : merken, 12
remercier qn de qc. : jdm für etwas danken, 33
remplacer : ersetzen, 80
la rencontre : (e) Begegnung (en), 31
se rencontrer : sich treffen (i,a,o), 19
avoir un rendez-vous avec qn :
    mit jdm verabredet sein, 115
renoncer : auf|geben (i,a,e), 28
réparer : reparieren, 84
le repas du soir : (s) Abendbrot, 19, (s) Abendessen, 97
la répétition : (e) Probe (n), 29
répondre à qn/à qc. : jdm/auf etwas antworten, 14
le reportage : (e) Reportage (n), 63
se reposer : sich aus|ruhen, 12
reprocher : vor|werfen (a,i,o)
répugnant : eklig, 60
résister : Widerstand leisten, 49
résoudre : lösen, 76
respecter : respektieren, 47
être responsable de qc. : für etwas verantwortlich sein, 123
rester : bleiben (ie,ie), 35

le résultat : (s) Ergebnis (se), 14
se réunir : sich versammeln, 47
revenir : zurück|kommen (a,o), 78
riche : reich, 65
rien : nichts, 12
rire : lachen, 51
le roi : (r) König (e), 96
jouer un rôle : (e) Rolle spielen, 46
rond : rund, 16
la rue : (e) Straße (n), 18

S

s'endormir : ein|schlafen (ä,ie,a), 35
s'énerver : sich ärgern, 44
le sac : (e) Tasche (n), 19
le sac à dos : (r) Rucksack (¨e), 12
sain : gesund, 13
sale : schmutzig, 111
la saleté : (r) Dreck, 123
la salle : (r) Saal (Säle), 31,
    (r) Raum (¨e)
la salle à manger :
    (r) Speisesaal (-säle), 51
la salle de bains :
    (s) Badezimmer (-), 61
la salle de séjour :
    (s) Wohnzimmer (-), 61
saluer : grüßen, 47
sans : ohne (+acc.), 16
la santé : (e) Gesundheit, 108
satisfait : zufrieden, 20
sauter : springen (a,u), 63
sauvage : wild, 45
sauver : retten, 62
savoir : wissen (wusste, gewusst), 12
le secret : (s) Geheimnis (se), 94
la semaine : (e) Woche (n), 29
être semblable : gleich sein, 80
sembler : scheinen (ie,ie), 135
le sens : (e) Bedeutung (en), 125
sérieux : ernst, 107
le serment : (r) Schwur (¨e), 47
le serpent : (e) Schlange (n), 61
la serviette de bains :
    (s) Badetuch (¨-er), 12
la serviette de toilette :
    (s) Handtuch (¨-er), 13
le serviteur : (r) Diener (-), 96
seul : allein, 19
sévère : streng, 31
la sieste : (s) Schläfchen (-), 76
signifier : bedeuten, 112, heißen (ie,ei), 45
simple, simplement : einfach, 29

le singe : (r) Affe (n,n), 60
la sœur : (e) Schwester (n), 20
soi-même : selbst, 31
la soif : (r) Durst, 93
le sol : (r) Boden (¨), 63
le soleil : (e) Sonne, 60
solitaire : einsam, 66
sombre : dunkel, 127
le sommet : (r) Gipfel (-), 127
la soquette : (e) Socke (n), 18
la sorte, l'espèce : (e) Sorte (n), 16, (e) Art (en)
sortir : aus|gehen (i,a), 44
le souci : (e) Sorge (n), 13
souffrir : leiden (litt, gelitten), 94
souhaiter qc. : sich etwas wünschen, 112
soulagé : erleichtert, 138
la source : (e) Quelle (n), 122
sourire à qn : jdn an|lächeln, 136
la souris : (e) Maus (¨-e), 16
le sous-sol : (s) Untergeschoss, 63
le souvenir : (e) Erinnerung (en), 77
souvent : oft, 34
spontané : spontan, 94
le sportif : (r) Sportler (-), 33
sportif : sportlich, 46
le succès : (r) Erfolg (e), 50
la sucrerie : (e) Süßigkeit (en), 13
le Suisse : (r) Schweizer (-), 16
suivant : folgend-, 45
le supermarché :
    (r) Supermarkt (¨-e), 12
surprendre : überraschen, 96
le symbole : (s) Symbol (e), 48

T

le T-Shirt : (s) T-Shirt (s), 13
la table : (r) Tisch (e), 68
le tableau de peinture :
    (s) Gemälde (-), 93
le talent : (s) Talent (e), 31
le tapis : (r) Teppich (e), 139
tard : spät, 36
tel : solch-, 111
la télécommande :
    (e) Fernbedienung (en), 77
le téléphone portable :
    (s) Handy (s), 45
le temps : (e) Zeit (en), 29
tendre qc. à qn : jdm etwas hin|halten (ä,ie,a), 63
terrible : schrecklich, 47
tester : testen, 77
la tête : (r) Kopf (¨-e), 28

le texte : (r) Text (e), 28
le théâtre : (s) Theater (-), 68
timide : schüchtern, 94
tirer (avec une arme) : schießen (o,o), 48
le titre : (r) Titel (-), 76,
    (e) Überschrift (en)
aller aux toilettes : auf die Toilette gehen, 61
la tolérance : (e) Toleranz, 95
tomber : fallen (ä, ie, a), 16
laisser tomber quelqu'un : jdn im Stich lassen (ä,ie,a), 136
torturer : quälen, 60
tôt : früh, 13
toujours : immer, 13
jouer un tour : jdm einen Streich spielen, 44
tous : alle, 20
tout : alles, 12
tout, entier : ganz, 46
tout de suite : gleich, 19
traduire : übersetzen, 81
le train : (r) Zug (¨-e), 16
travailler : arbeiten, 35
tricher : schummeln, 108
triste : traurig, 51
trop : zu, 12, zu viel, 12
le trou : (s) Loch (¨-er), 16
se trouver : sich befinden (a,u), 49
trouver : finden (a,u), 20
tuer : töten, 48
le tyran : (r) Tyran (en,en), 47

U

l'uniforme : (e) Uniform (en), 96
unique seul : einzig-, 94
unir : einigen, 47
l'unité : (e) Einheit, 49
l'usine : (e) Fabrik (en), 34
utile : nützlich, 60
utiliser : benutzen, 50

V

les vacances : die Ferien (pl), 13
le vase : (e) Vase (n), 67
le vélo : (s) Fahrrad (¨-er), 65
la vendeuse : (e) Verkäuferin (nen), 63
venir : kommen (a,o), 28
véritable : echt, 60
le verre : (s) Glas (¨-er), 18
le vétérinaire : (r) Tierarzt (¨-e), 64
la vie : (s) Leben (-), 33
vieux : alt, 20
le village : (s) Dorf (¨-er), 47

la ville : (e) Stadt (¨e), 31
le violon : (e) Geige (n), 31
le visage : (s) Gesicht (er), 126
viser : zielen, 10
la visite (guidée) : (e) Besichtigung (en), 12, (e) Führung (en), 93
rendre visite à qn : jdn besuchen
vite : schnell, 12

la vitre : (e) Scheibe (n), 111
vivre (qc.) : leben (erleben), 15
le vocabulaire : (e) Vokabel (n), 51
voir : sehen (ie,a,e), 19
le voisin : (r) Nachbar (n,n), 62
voler : fliegen (o,o), 67
le voyage, le trajet : (e) Reise (n), 12, (e) Fahrt (en), 13

voyager : reisen, 15
la vue : (r) Blick (e), 15
vrai : wahr, 60
C'est vrai : Es stimmt, 12

W _____

le week-end : (s) Wochenende (n), 67

Crédits photographiques et illustrations :

Couv. : Waldkirch/Schuster/Explorer ; J.M./Helga Lade Fotoagentur - p. 9 : Bild ; Mark Harmel/Stone - p. 10, 11 : Xavier Desmier/Rapho - p. 6 : Gurlitt Ekkeheart/Gamma - p. 17 : Suisse Tourisme/C. Sonderegger - Astérix © 2001 - Les Éditions Albert René/Goscinny-Uderzo - p. 13 : Gaillard/Jerrican – p. 24 : (mg) Zefa-Damm/Hoa-Qui ; (mc) Suisse Tourisme/P. Maurer ; (md) AKG Paris ; (b) B. Merle/Diaf ; (bd) David Ball/Diaf - p. 25 : (hg, hd) © Bodenseebilder.de ; (hc) Tourist Info Uri Altdorf ; (bd) Suisse Tourisme - p. 26, 27 : Raphaël Gaillarde/Gamma - p. 37 : Hartmut Schwarzbach/argus-Fotoarchiv GmbH/Studio X - Francis Demange/Gamma - p. 40 : (hg) Benoit Decout/Rea ; (hd) AKG Paris - p. 41 : AKG Paris - p. 42, 43 : Bernd Settnik/Studio X - p. 49 : (b) Astérix © 2001 - Les Éditions Albert René/Goscinny-Uderzo - p. 53 : Grundschule Am Geitelplatz, D-Wolfenbüttel - p. 57 : K. Schmied/Helga Lade Fotoagentur ; Benoit Decout/Rea - pp. 58, 59 : Rob Gage/Pix - p. 61 : J. Beck/Mauritius ; Zak/Mauritius ; Mehlig/Mauritius ; Reinhard/Mauritius ; Lacz/Mauritius ; Reinhard/Mauritius ; Nill/Mauritius - p. 62 : Ullstein-Teutopress ; Sylvain Cordier/Jacana ; Frédéric/Jacana ; Bosio/Gamma ; Vincent Leblic/SDP - p. 63 : Association Le Copain, Case Postale 43, 3977 Granges (Suisse) - p. 64 : Guy Félix/Jacana - p. 70 : Nestor Salas/afirac ; Gable/Jerrican - p. 74, 75 : AKG Paris - p. 78 : Beck/Mauritius ; v.d. Ropp/Mauritius - p. 79 : Collection Violet - p. 81 : Gutenberg-Museum Mainz - p. 85 : Collection Violet ; adidas - p. 89 : Collection Christophe L. - p. 90, 91 : J. Heron/Ifa-Bilderteam/Diaf - p. 92 : AlainBuu/Gamma ; Grüner/Mauritius ; C. Bayer/Mauritius ; Jiri/Mauritius - p. 94 : (hg) Kerscher/Mauritius ; (hd) Gable/Jerrican ; (bg) Kupka/Mauritius ; (bd) Gaillard /Jerrican - p. 95 : ND - Violet - p. 96 : AKG Paris - p. 97 : AKG Paris - p. 101 : Vloo – p. 104 : (hg) Photonews/Gamma ; (hd) Butzmann/Zenit/laif ; (md) Rouchon/Explorer ; (bd) Gable/Jerrican - p. 105 : Image Bank ; Rutel/Helga Lade Fotoagentur - p. 106, 107 : Gable/Jerrican - p. 109 : Gilsdorf/Mauritius/Hasbro France/3D Licensing ; Charlie Abad/SDP ; Michael Rosenfeld/Diaf ; C. Rieger/Mauritius ; Ravensburger ; Société Vilac ; Gilsdorf/Mauritius/Hasbro France/3D Licensing ; Schmidt Spiele ; Le Rak/Hoa-Qui - p. 112 : F. Ancellet/Rapho - p. 116 : Ravensburger - p. 120, 121 : J.H. Schilbach "Oberwesel am Rhein mit Burgruine Schönburg", 1832/AKG Paris - p. 122 : Suisse Tourisme - p. 127 : AKG Paris – p. 132 : (hd) Sunset/Photobank ; (mg) K.W. Gruber/Mauritius ; (md) Sylvain Grandadam/Hoa-Qui ; (bg) Sylvain Cordier/Explorer ; (bd) P. Wysocki/Explorer – p. 133 : (hc) Philippe Roy/Hoa-Qui ; (mg) E. Gebhardt/Mauritius ; (md) Sunset/Weststock ; (bg) Sunset/Blue Eyes ; (bd) Pierre Boulat/Cosmos.

Références des textes :

p. 16 : Die Zugmaus Eine Geschichte von Uwe Timm. Mit vielen Zeichnungen von Tatjana Hauptmann © 1981 by Diogenes Verlag AG Zürich - p. 22 : © 1994 by Arena Verlag GmbH, Würzburg – p. 37 : © Velber im OZ Verlag GmbH, Seelze (Germany) - p. 38 : © C. Bertelsmann Jugendbuch Verlag, München, in der Verlagsgruppe Bertelsmann GmbH - p. 41 : © with kind permission by Musik für Dich Rolf Zuckowski OHG, Hamburg - p. 54,55 : © 1978 by Rowohlt Taschenbuch Verlag GmbH, Reinbek - p. 56 : From: Silvia Bartholl (Hrsg.) Texte dagegen (Gulliver zwei) © 1993 Beltz Verlag, Weinheim und Basel, Programm Beltz & Gelberg, Weinheim- p. 63 : Treff Nr. 5, Mai 1999, Diese Hunde machen Mut © Iris Mühlberger - p. 68, 69 : © 1984 by Rowohlt Taschenbuch Verlag GmbH, Reinbek - p. 73 : words & music by Georg Danzer, published by Edition Giraffe/Wien, original recording on: Feine Leute (1979) - p. 86, 87, 88 : © Atrium Verlag AG, Zürich - p. 102 : Ostpreußen Blatt, 24. und 31. Oktober 1953, D.R. - p. 103 : From: Silvia Bartholl (Hrsg.), Texte dagegen (Gulliver zwei) © 1993 Beltz Verlag, Weinheim und Basel, Programm Beltz & Gelberg, Weinheim - p. 105 : Musik und Text: Reinhard Mey © 1971 by: Ingrid Richter Musikvertrieb und Verlag, Teltow (Germany) - p. 112 : Die Kinder aus Nr. 67 © 1947 by Verlag Sauerländer, Aarau, Frankfurt am Main und Salzburg - p. 116, 117 : © Verlag Friedrich Oetinger GmbH, Hamburg - p. 118 : From: Wolf Biermann. Alle Lieder © 1991 by Verlag Kiepenheuer & Witsch, Köln - p. 130, 131 : © 1987 by Ravensburger Otto Maier GmbH, Ravensburg (Germany) - p. 135 à 139 : © 1993 by K. Thienemanns Publishing House, Stuttgart - Wien.

Nous avons recherché en vain les auteurs ou les ayants droit de certains documents reproduits dans ce livre. Leurs droits sont réservés aux Éditions Didier.

Maquette intérieure: Sarbacane
Couverture: Michèle Bisgambiglia
Mise en page, photogravure: Quo Media
Pages "Projekt": Stéphanie Desbenoît
Lexique, précis grammatical: Créapass

Illustrations:
Odile Herrenschmidt, Jean-François Rousseau, Pascale Bougeault (pp.135, 137, 138), Pascale Colange (pp. 95, 96, 97, 126), Freddy Dermidjian (pp. 22, 54-55, 68-69, 117), Evelyne Faivre (pp. 38, 102), Eric Héliot (pp. 16, 130-131), Marc Lizano (p. 15), Marie-Noëlle Pichard (pp. 47-49, 79-81), Nadine van der Straeten (pp. 86-87)

"Le photocopillage, c'est l'usage abusif et collectif de la photocopie sans autorisation des auteurs et des éditeurs. Largement répandu dans les établissements d'enseignement, le photocopillage menace l'avenir du livre, car il met en danger son équilbre économique. Il prive les auteurs d'une juste rémunération. En dehors de l'usage privé du copiste, toute reproduction totale ou partielle de cet ouvrage est interdite."

© Les Éditions Didier, 2001 - ISBN 2-278-05003 5

Dépôt légal n°5003/05 - Achevé d'imprimer en France en mai 2003 par PPO Graphic, 93500 Pantin.